EXPLORA
la Biblia

Permite que la Palabra de Dios habite en ti.

Explora la Biblia: Ester

© 2020 LifeWay Press®

ISBN 978-1-0877-2639-7 • Item 005828574

Dewey decimal classification: 222.9
Subject headings: BIBLIA. A.T. Ester \
MUJERES \ VALENTÍA

TONY EVANS
Editor General

BILL CRAIG
Vicepresidente de Publicaciones

CARLOS ASTORGA
Director Editorial

Con *Explora la Biblia*, los grupos de estudio bíblico pueden tener la seguridad de que se relacionarán con la Palabra de Dios en su contexto correcto, y que estarán mejor preparados para vivirla de modo auténtico en su contexto. Estos estudios se hacen libro por libro por lo que ayudarán a los participantes a:

> Crecer en su amor por la Escritura.

> Adquirir nuevos conocimientos en cuanto a lo que enseña la biblia.

> Desarrollar disciplinas bíblicas.

> Interiorizar la Palabra de Dios de una manera que pueda transformar sus vidas.

Envía tus preguntas y comentarios a: LifeWay Global, Editor Estudios Bíblicos ETB; One LifeWay Plaza; Nashville, TN 37234-0196.

Para ordenar copias adicionales de este recurso escribe a LifeWay Customer Service; One LifeWay Plaza; Nashville, TN 37234-0113; fax 615-251-5933; o llama gratuitamente a 1-800-257-7744; compra en línea en *www.lifeway.com;* email *orderentry@lifeway.com;* o visita una tienda LifeWay Christian.

Impreso en los Estados Unidos de América.

 @LifeWayEspanol

 facebook.com/LifeWayEspanol

 lifeway.com/explora

D0064157

❯ SOBRE ESTE ESTUDIO

LA MANO INVISIBLE DE DIOS ESTÁ OBRANDO EN Y POR MEDIO DE TI.

¿Qué pasaría si todo en tu vida, aparentemente ordinaria, condujera a una exhibición extraordinaria de la grandeza de Dios? No te encuentras donde estás por accidente. No existe eso de suerte o coincidencia. Dios tiene un plan, y estás justo en el medio de la acción.

¿Se te romperá el corazón obligándote a tomar una posición audaz y hablar por aquellos que no tienen voz? ¿Vivirás con convicción y con respeto? ¿Traerá Dios la salvación a las personas que están dentro de tu círculo de influencia?

El libro de Ester da esperanza y confianza a cualquiera que necesite saber que Dios está presente, y es poderoso y personal. Él te ha colocado estratégicamente como parte de Su Reino para llevar la salvación a tu círculo de influencia.

Explora la Biblia: Ester, te ayudará a conocer y aplicar la verdad alentadora y fortalecedora de la Palabra de Dios. Cada sesión se organiza de la siguiente manera:

ENTIENDE EL CONTEXTO: Esta página explica el contexto original de cada pasaje, y comienza relacionando los temas primordiales a tu vida de hoy.

EXPLORA EL TEXTO: Esta sección te explica la Escritura, proporcionándote comentarios útiles y una interacción dinámica y reflexiva con Dios y Su Palabra.

OBEDECE EL TEXTO: Esta sección te ayuda a aplicar las verdades que has explorado. No es suficiente saber lo que dice la Biblia. La Palabra de Dios tiene el poder de cambiar nuestras vidas.

MANUAL PARA EL LÍDER: La parte final proporciona material para iniciar la conversación y sugiere preguntas para ayudar a cualquier persona que dirija un grupo a presentar cada parte del estudio personal.

❯ COMPROMISO GRUPAL

Al comenzar este estudio, es importante que todos se pongan de acuerdo sobre los valores grupales. Establecer con claridad el propósito de pasar un tiempo juntos fomentará expectativas saludables y ayudará a aclarar cualquier duda. El objetivo es garantizar que todos tengan una experiencia positiva que lleve a un crecimiento espiritual y a un verdadero colectivo. Al abordar lo que veremos a continuación, cada uno debe firmar con sus iniciales junto a cada valor.

❏ PRIORIDAD
La vida es atareada, pero apreciamos este tiempo juntos estudiando la Palabra de Dios. Decidimos que estar juntos es una prioridad.

❏ PARTICIPACIÓN
Somos un grupo. Todos pueden participar. Nadie dominará las reuniones.

❏ RESPETO
Todos tienen derecho a opinar. Todas las preguntas son bienvenidas y respetadas.

❏ CONFIANZA
Cada persona buscará humildemente la verdad por medio de un tiempo de oración y el estudio de la Biblia. Confiaremos en Dios que nos ama, como la autoridad final en nuestras vidas.

❏ CONFIDENCIALIDAD
Nada de lo que se diga en nuestras reuniones será comentado fuera del grupo sin el permiso de todos. Esto es fundamental para crear un ambiente de confianza y franqueza.

❏ APOYO
Todos pueden contar con todos en este grupo. Se da permiso para llamar a cualquier miembro en cualquier momento, especialmente en los momentos de crisis. El grupo le dará atención a cada uno de los miembros.

❏ RENDICIÓN DE CUENTAS
Aceptamos dejar que los miembros de nuestro grupo nos pidan cuentas de los compromisos que hagamos, de la forma amorosa que decidamos. Las preguntas siempre serán bienvenidas. No obstante, no se permiten los consejos no solicitados.

_____   _____

Estoy de acuerdo con todo lo anterior   Fecha

❯ EDITOR GENERAL

Dr. Tony Evans es uno de los líderes más respetados de los Estados Unidos en los círculos evangélicos. Es pastor, autor de varios best seller y orador en conferencias y seminarios bíblicos en todo el país.

El Dr. Evans ha servido como pastor principal de *Oak Cliff Bible Fellowship* en Dallas en Texas por más de 35 años. También es el fundador y presidente de *The Urban Alternative*, un ministerio que busca restaurar la esperanza y transformar las vidas por medio de la proclamación y la aplicación de la Palabra de Dios.

El Dr. Evans ha escrito más de 50 libros, incluyendo los siguientes estudios bíblicos de LifeWay: *Victory in Spiritual Warfare* [Victoria en la guerra espiritual], *Kingdom Man* [Hombre del Reino], *Kingdom Agenda* [Agenda del Reino], *It's Not Too Late* [No es demasiado tarde], *Horizontal Jesus* [Jesús horizontal] y *The Power of God's Names* [El poder de los nombres de Dios]. Para obtener información sobre estos estudios bíblicos, visite *lifeway.com/tonyevans*.

> ÍNDICE

BELLEZA, HONOR E INFLUENCIA

La mano invisible de Dios está obrando tanto en las vidas de los que lo conocen, como en la de los que no.

❯ SOBRE EL LIBRO DE ESTER

La Biblia está llena de relatos de hombres y mujeres que confiaron en Dios y asumieron posiciones valientes para vivir por Él. Aunque algunos de ellos enfrentaron la temible posibilidad del martirio, no retrocedieron en su devoción al Dios viviente. Dios usó a estos hombres y mujeres, personas como Ester, para hacer progresar a Su reino.

El libro de Ester es uno de los libros más controvertidos del Antiguo Testamento. ¿Cómo podemos tener un libro en la Biblia que nunca mencione el nombre de Dios de ninguna manera? Este es el único libro en la Biblia sin una mención explícita de Dios o incluso una mención de la ley o la adoración. Sin embargo, aunque no es explícito, la mano invisible de Dios es innegable y está implícita en todos los detalles de la historia.

AUTOR

El libro de Ester no menciona a su autor. Las primeras tradiciones judías y cristianas sugieren que entre las personas mencionadas en el libro, Mardoqueo que era primo y guardián de Ester, tenía la mejor posición para registrar los eventos. La Escritura dice que Mardoqueo registró ciertos eventos para relacionarlos con los judíos en todo el reino (Est. 9:20). El escritor poseía una gran habilidad literaria, especialmente en el desarrollo de la trama y la tensión narrativa.

FECHA

En relación con los eventos cubiertos en el libro, la narración de Ester cubre los años 486 a 465 a. C., durante el reinado de Asuero sobre Persia. En términos de cuándo se escribió el libro, no podemos estar seguros. Si fue escrito por Mardoqueo, el libro de Ester probablemente fue escrito poco después de los eventos descritos. Al igual que los libros de Esdras y Nehemías, el libro está ambientado en el siglo V a. C. a medida que las largas décadas del exilio en Babilonia se acercaban a su fin. Los desafíos y peligros aún abundaban para el pueblo de Dios. Sin embargo, Él proveyó personas valientes que nacieron «para un momento como este» (Est. 4:14 NVI).

TEMA

El libro de Ester concluye con un propósito claro: que la audiencia original comprendiera y observara la celebración de *Purim*. Los eventos de la vida de Ester se desarrollaron de una manera que revelaron el cuidado providencial de Dios para Su pueblo. Debido a la audacia y la fe desinteresada de una heroína poco probable, el pueblo de Dios fue liberado para defenderse y finalmente ser liberado del mal.

Dios no permitiría que Su plan de salvación fracasara. Ya sea detrás de escena (providencia) o por respuesta directa a las oraciones de Su pueblo, Dios aseguró el éxito de Sus propósitos. Su actividad en el libro de Ester incluía preservar a las personas por medio de las cuales enviaría al Mesías, Jesucristo, para proporcionar la salvación de los pecados a todos los que creen en Él.

➤ ESTER 1:10-12,15; 2:2,4-11,17,20

Para pensar

La historia de Ester está basada en conversaciones que llevan a acciones.

Encierra en un círculo las palabras relacionadas con la conversación.

Subraya las palabras que describen las reacciones.

10 El séptimo día, estando el corazón del rey alegre del vino, mandó a Mehumán, Bizta, Harbona, Bigta, Abagta, Zetar y Carcas, siete eunucos que servían delante del rey Asuero, **11** que trajesen a la reina Vasti a la presencia del rey con la corona regia, para mostrar a los pueblos y a los príncipes su belleza; porque era hermosa. **12** Mas la reina Vasti no quiso comparecer a la orden del rey enviada por medio de los eunucos; y el rey se enojó mucho, y se encendió en ira. **15** les preguntó qué se había de hacer con la reina Vasti según la ley, por cuanto no había cumplido la orden del rey Asuero enviada por medio de los eunucos.

2:2 Y dijeron los criados del rey, sus cortesanos: Busquen para el rey jóvenes vírgenes de buen parecer;. **4** y la doncella que agrade a los ojos del rey, reine en lugar de Vasti. Esto agradó a los ojos del rey, y lo hizo así. **5** Había en Susa residencia real un varón judío cuyo nombre era Mardoqueo hijo de Jair, hijo de Simei, hijo de Cis, del linaje de Benjamín; **6** el cual había sido transportado de Jerusalén con los cautivos que fueron llevados con Jeconías rey de Judá, a quien hizo transportar Nabucodonosor rey de Babilonia. **7** Y había criado a Hadasa, es decir, Ester, hija de su tío, porque era huérfana; y la joven era de hermosa figura y de buen parecer. Cuando su padre y su madre murieron, Mardoqueo la adoptó como hija suya. **8** Sucedió, pues, que cuando se divulgó el mandamiento y decreto del rey, y habían reunido a muchas doncellas en Susa residencia real, a cargo de Hegai, Ester también fue llevada a la casa del rey, al cuidado de Hegai guarda de las mujeres. **9** Y la doncella agradó a sus ojos, y halló gracia delante de él, por lo que hizo darle prontamente atavíos y alimentos, y le dio también siete doncellas especiales de la casa del rey; y la llevó con sus doncellas a lo mejor de la casa de las mujeres. **10** Ester no declaró cuál era su pueblo ni su parentela, porque Mardoqueo le había mandado que no lo declarase. **11** Y cada día Mardoqueo se paseaba delante del patio de la casa de las mujeres, para saber cómo le iba a Ester, y cómo la trataban. **17** Y el rey amó a Ester más que a todas las otras mujeres, y halló ella gracia y benevolencia delante de él más que todas las demás vírgenes; y puso la corona real en su cabeza, y la hizo reina en lugar de Vasti. **20** Y Ester, según le había mandado Mardoqueo, no había declarado su nación ni su pueblo; porque Ester hacía lo que decía Mardoqueo, como cuando él la educaba.

› ENTIENDE EL CONTEXTO

Este relato bíblico de intriga se desarrolla en la antigua Persia, anteriormente llamada Mesopotamia, la región que está alrededor de los actuales Irak e Irán. El rey Asuero (Jerjes) que se convirtió en el esposo de Ester, reinó en Persia del año 486 al 465 a.C. después de la muerte de Darío que era su padre, .

El pueblo del pacto de Dios, los judíos, habían sido previamente capturados por los babilonios y vivieron como exiliados bajo el rey pagano, Nabucodonosor (Dan. 1-2). Cuando los persas derrocaron a los babilonios en el año 539 a. C., como profetizó Daniel en la interpretación del sueño de Nabucodonosor, a los judíos se les concedió la libertad de su exilio en Babilonia. Muchos permanecieron en las regiones donde habían sido deportados y se asimilaron a la sociedad persa, al igual que los inmigrantes de hoy se asimilan al «crisol» que es la sociedad estadounidense.

Los reyes persas estaban preocupados por perpetuar la unidad y la obediencia dentro del reino, lo que sostendría tanto la resistencia como la defensa del imperio contra una potencia extranjera. La astucia de los gobernantes persas al instituir políticas y estructuras sociales en todo el imperio para unificar a su gente y su cultura seguramente contribuyó a la vasta geografía y resistencia del imperio. Además de una autoridad estratificada, algunos otros desarrollos culturales incluyeron el abrazar la diversidad de culturas presentes en una población tan vasta; la política de emancipar a los esclavos, incluyendo al pueblo judío (Esd. 1:1-5); instituyendo sistemas postales y viales; y lo que es más importante, promoviendo un idioma oficial en toda la tierra: el Arameo (como resultado, este es el idioma en el que, inspirado divinamente, se escribió parte del Antiguo Testamento). Todo este auge juega un papel importante para revelar al Dios invisible por medio de la historia de Ester.

«EL VERDADERO ADORNO DE UNA MUJER PIADOSA NO PUEDE COMPRARSE EN UNA TIENDA POR DEPARTAMENTOS NI ADQUIRIRSE EN UN SALÓN DE BELLEZA».
Dr. Tony Evans

---

1. El Imperio Persa se extendió desde la India hasta Etiopía (Est. 1:1). Mesopotamia era la tierra entre los ríos Éufrates y Tigris y se incluyó bajo el dominio persa temprano como el Imperio Aqueménida, fundado en el siglo VI a.C. por Ciro el Grande. Los eventos de Ester tuvieron lugar en la ciudad capital de Susa, la capital de invierno y una de las tres ciudades capitales. Ecbatana y Persépolis fueron las otras dos. Algunos afirman que Babilonia también fue una ciudad capital.

❯ EXPLORA EL TEXTO

PERSIA NECESITABA UNA NUEVA REINA (Ester 1:10-12,15)

Nuestra historia comienza con gran pompa en circunstancias que eran comunes entre los persas cuando el rey Asuero declaró un festival de 180 días para celebrar su esplendor y la grandiosidad del Imperio Medo-Persa. El rey concluyó este festival de medio año con una fiesta de una semana de duración, en la ciudad capital de Susa, para todas las personas donde él exhibiría aún más su esplendor, incluida la belleza de su esposa, la reina Vasti.

El rey tal vez estaba desinhibido porque su corazón estaba «alegre del vino» (v. 10). Esa imagen de un rey intoxicado, probablemente evocara en las mentes de los lectores judíos originales, a un gobernante borracho anterior. Belsasar era el rey de Babilonia cuando, también en estado de ebriedad y con el deseo de mostrar el esplendor de su dominio, vio la escritura en la pared en la que decía que Dios estaba a punto de poner fin a su reino y dárselo a los medos y los persas (Dan. 5:5,25-28).

Cuando Vasti se negó a ser exhibida, «el rey se enojó mucho, y se incendió de ira» (Est. 1:12). Asuero rápidamente reconoció que su autoridad estaba siendo desafiada delante de todo el reino. El hombre más poderoso del planeta y que era el comandante de un ejército que estaba en guerra con Grecia, no podía permitir que su autoridad fuera rechazada públicamente.

¿Qué debía hacerse con uno de los súbditos del rey que desobedeciera su mandato, incluso si fuera su propia esposa? Asuero convocó a sus consejeros y expertos en las muy específicas e irrevocables «leyes de Persia y Media» (v. 19; también ver 8:8; Dan. 6:8,12), para determinar qué se debía hacer con Vasti, «según la ley» (Est. 1:15). Curiosamente, en lugar de referirse a una ley medo-persa específica, «la ley» en este caso parece haber sido lo que el rey y sus consejeros querían que fuera. La determinación fue que Vasti debía ser reemplazada por una reina «que sea mejor que ella» (v. 19).

¿De qué manera podría Dios usar el orgullo en los corazones de las personas para reorientar las circunstancias con fines más importantes?

DIOS PROPORCIONÓ UNA NUEVA REINA
(Ester 2:2,4-8,17,20)

¿Quién sería la nueva reina de Persia? Por la autoridad del rey y sus asistentes personales, el concurso de belleza Miss Persia de todo el imperio determinaría quién sería la nueva reina. ¿Qué mejor circunstancia podría aprovechar Dios para levantar a la bella y piadosa mujer de Su propia elección y para Sus propósitos de entre millones de ciudadanas persas? La joven Ester que «era de hermosa figura y de buen parecer» (v. 7) y prima de Mardoqueo.

La belleza de Ester fue realzada por su comportamiento respetuoso, humilde y sumiso. Era una mujer joven, con una personalidad que se ganaba «el favor de todos los que la veían» (v. 15) y «ganó más el favor y la aprobación del [rey] que ninguna de las otras mujeres jóvenes», tanto que el rey «puso la corona real en su cabeza, y la hizo reina en lugar de Vasti» (v. 17). Además, Ester «hacía lo que decía Mardoqueo, como cuando él la educaba» (v. 20). La belleza de la obediencia fiel de Ester fue un modelo no solo para las mujeres del siglo V a. C. Persa, sino también para todas las mujeres, y los hombres, en todas partes y en todo momento.

Haz una lista de las diferentes formas y virtudes de la belleza (Sal. 149:4; 1 Ped. 3:1-6).

¿Fue solo una coincidencia que Mardoqueo fuera un servidor público y estuviera «sentado a la puerta del rey» (Est. 2:19) en ese momento? ¿Fue una simple coincidencia que «Mardoqueo la adoptó [Ester] como hija suya» (v. 7)? ¿Fue solo una coincidencia que Mardoqueo y Ester hubieran sido deportados de Jerusalén a Susa bajo el control de Babilonia y residieran en Susa cuando Asuero se convirtió en rey y Vasti lo rechazó allí? ¿Fue solo una coincidencia que Ester fuera «de hermosa figura» (v.7)? Comenzamos a ver muy rápidamente que ni siquiera un maestro de ajedrez o un matemático brillante podría diseñar o anticipar tantas variables para determinar el resultado deseado. Pero un Dios soberano puede hacerlo.

Proverbios 21:1 dice:

> Como los repartimientos de las aguas,
>
> Así está el corazón del rey en la mano de Jehová;
>
> A todo lo que quiere lo inclina.

Salmos 75:6-7 dice:

> Porque ni de oriente ni de occidente,
>
> Ni del desierto viene el enaltecimiento.
>
> Mas Dios es el juez;
>
> A éste humilla, y a aquél enaltece.

Dios coloca a las personas en posiciones con autoridad para cumplir Sus propósitos soberanos (Rom. 9:17). El libro de Ester ilustra claramente que las circunstancias geopolíticas del mundo, así como las inclinaciones emocionales y psicológicas del rey y la reina de la nación más prominente del mundo, fueron ordenadas y utilizadas por Dios para cumplir Su propósito de redimir y preservar a Su pueblo del pacto.

En el Nuevo Testamento, el apóstol Juan dice:

> *A Dios nadie le vio jamás;*
> *el unigénito Hijo,*
> *que está en el seno del Padre,*
> *él le ha dado a conocer.* **Juan 1:18**

Es decir, por fin Jesucristo nos ha revelado por completo al Dios invisible. Entonces legítimamente podríamos preguntar: ¿Nos revela el Antiguo Testamento también a Dios, y si es así, cómo lo hace?

El Antiguo Testamento revela al Dios invisible al menos en dos formas.

1. Debido a que Dios es infinitamente sabio y todopoderoso, puede ordenar las circunstancias de la historia para que se lleven a cabo Sus buenos propósitos. Esos eventos y circunstancias se exhiben para que todos vean las múltiples facetas de la naturaleza de Dios: Su poder, Su cuidado, Su sabiduría, Su santidad y Su amor. Sin embargo, sin una explicación del propósito y el significado de esos eventos, las personas podrían atribuirles cualquier significado personal o subjetivo.

2. La explicación inspirada de Dios de esos eventos, es decir, la Escritura, es necesaria para revelarse a Sí mismo, Sus propósitos en la historia y Su instrucción a todos los que llevan Su imagen. Tanto los eventos como la explicación de esos eventos nos revelan a Dios.

Ambas realidades que dan testimonio del Dios invisible se ven claramente en el libro de Ester, incluso cuando la historia comienza en estos capítulos iniciales.

En tu vida, ¿qué puede haber parecido suerte o coincidencia en un momento, pero que al verlo retrospectivamente, puedes notar que Dios estaba obrando para ponerte en un lugar en particular o en una relación para fortalecer tu carácter?

PREPARACIÓN BÍBLICA
Identifica la manera en la que en el presente se usa una palabra o frase.

Un tema no tratado en el libro de Ester son los actos providenciales de Dios. En la actualidad, la frase «obrar de Dios» se usa en los documentos legales y en el lenguaje coloquial.

¿Qué significa hoy la frase «obrar de Dios»?

¿En qué se parece este uso a la idea bíblica del obrar providencial de Dios?

¿En qué se diferencia el uso actual de esta palabra?

❯ OBEDECE EL TEXTO

En un mundo que a menudo parece estar fuera de control (deseos excesivos, abuso de poder y obsesión por la imagen regida por la opinión popular), el pueblo de Dios puede tener una gran paz y esperanza sabiendo que Dios todavía tiene el control. Si Él pudo tomar a una niña huérfana de un grupo religioso y étnicamente minoritario que había sido liberada recientemente del cautiverio como exiliada, en una nación extranjera enemiga, y convertirla en la amada nueva reina del imperio más poderoso y pagano de la tierra, entonces no tenemos nada de qué preocuparnos.

¿Cómo las sociedad parece egoísta, impía o generalmente fuera de control?

¿Cómo pudiera este grupo de estudio ser como una familia para ti, animándote a vivir con humildad y respeto, incluso con las personas que pudieran no compartir tus mismos valores o creencias?

¿A quién puedes animar? ¿Qué necesita específicamente esa persona?

¿Qué harás para vivir de una manera atractiva, pero contraria a la sociedad que te rodea?

MEMORIZA

«Como los repartimientos de las aguas,
Así está el corazón del rey en la mano de Jehová;
A todo lo que quiere lo inclina». Proverbios 21:1

Usa el espacio proporcionado para hacer las observaciones y anotar los pedidos de oración durante la experiencia grupal de esta sesión.

MIS PENSAMIENTOS

Registra las perspectivas y preguntas de la experiencia grupal.

_____
_____
_____
_____
_____
_____

MI RESPUESTA

Anota las maneras específicas en que puedes poner en práctica la verdad explorada esta semana.

_____
_____
_____
_____
_____
_____

MIS ORACIONES

Enumera las necesidades de oración específicas y las respuestas recibidas, para recordarlas esta semana.

_____
_____
_____
_____
_____
_____

CONFLICTO E INTEGRIDAD

Hacer lo correcto no siempre recibe una recompensa inmediata
e incluso puede poner al pueblo de Dios en desacuerdo con el mundo.

❯ ENTIENDE EL CONTEXTO

USA LAS SIGUIENTES PÁGINAS COMO PREPARACIÓN PARA EL TIEMPO EN EL GRUPO.

El diccionario define la palabra *genocidio* como el: «exterminio o eliminación sistemática de un grupo humano por motivo de raza, etnia, religión, política o nacionalidad»[1]. Aunque ninguno de nosotros haya vivido esa experiencia malvada, el mundo ha sufrido genocidios horribles que mataron a millones de personas.

¿Qué pasaría si los cristianos donde vives se convirtieran en el blanco de la persecución o de la eliminación? ¿Cómo te comportarías? ¿Cómo orarías? ¿Qué le dirías a tu familia y amigos?

El libro de Ester cuenta la historia de una de esas amenazas, y la forma en que Dios protegió a Su pueblo. Aunque Él no se menciona explícitamente ni se nombra en el libro de Ester, Él estuvo allí obrando detrás de la escena, vigilando a Su pueblo del pacto. El plan de la salvación de Dios estaba en juego, porque eventualmente Jesús vendría al mundo por medio de los judíos (Juan 4:22; Rom. 1:16). El Imperio Medo-Persa era una potencia mundial indiscutible.

El rey Asuero gobernó un imperio que tenía 127 provincias que se extendían desde la India hasta Etiopía (Est. 1:1), es decir, desde el río Indo en el actual Pakistán hasta el norte de Sudán en África. Un funcionario gobernaba cada provincia que informaba al rey (Dan. 6.1-9). En su apogeo, el imperio gobernaba alrededor del 44 por ciento de la población mundial, un porcentaje más alto que cualquier otro imperio mundial anterior o posterior.

En medio de la aristocracia de este vasto imperio, el rey Asuero promovió a uno de sus consejeros; lo «honró, y puso su silla sobre todos los príncipes que estaban con él» (Est. 3:1) y ordenó a todo el personal real en la puerta del rey que se postrara y rindiera homenaje a este oficial. Cuando uno de los ancianos se negó a postrarse ante él fue que comenzó el conflicto en el corazón del libro de Ester.

> «CUANDO SALES POR TU PUERTA TODOS LOS DÍAS, ¿SE DAN CUENTA EL CIELO, LA TIERRA Y EL INFIERNO?»
> —*Dr. Tony Evans*

1. N del T. Real Academia Española. (2001). Diccionario de la lengua española (22.a ed.). Consultado en http://www.rae.es/rae.html

› ESTER 2:21–23;3:1-11,15

2:21 En aquellos días, estando Mardoqueo sentado a la puerta del rey, se enojaron Bigtán y Teres, dos eunucos del rey, de la guardia de la puerta, y procuraban poner mano en el rey Asuero. **22** Cuando Mardoqueo entendió esto, lo denunció a la reina Ester, y Ester lo dijo al rey en nombre de Mardoqueo. **23** Se hizo investigación del asunto, y fue hallado cierto; por tanto, los dos eunucos fueron colgados en una horca. Y fue escrito el caso en el libro de las crónicas del rey.

3:1 Después de estas cosas el rey Asuero engrandeció a Amán hijo de Hamedata agagueo, y lo honró, y puso su silla sobre todos los príncipes que estaban con él. **2** Y todos los siervos del rey que estaban a la puerta del rey se arrodillaban y se inclinaban ante Amán, porque así lo había mandado el rey; pero Mardoqueo ni se arrodillaba ni se humillaba. **3** Y los siervos del rey que estaban a la puerta preguntaron a Mardoqueo: ¿Por qué traspasas el mandamiento del rey? **4** Aconteció que hablándole cada día de esta manera, y no escuchándolos él, lo denunciaron a Amán, para ver si Mardoqueo se mantendría firme en su dicho; porque ya él les había declarado que era judío. **5** Y vio Amán que Mardoqueo ni se arrodillaba ni se humillaba delante de él; y se llenó de ira. **6** Pero tuvo en poco poner mano en Mardoqueo solamente, pues ya le habían declarado cuál era el pueblo de Mardoqueo; y procuró Amán destruir a todos los judíos que había en el reino de Asuero, al pueblo de Mardoqueo. **7** En el mes primero, que es el mes de Nisán, en el año duodécimo del rey Asuero, fue echada Pur, esto es, la suerte, delante de Amán, suerte para cada día y cada mes del año; y salió el mes duodécimo, que es el mes de Adar. **8** Y dijo Amán al rey Asuero: Hay un pueblo esparcido y distribuido entre los pueblos en todas las provincias de tu reino, y sus leyes son diferentes de las de todo pueblo, y no guardan las leyes del rey, y al rey nada le beneficia el dejarlos vivir. **9** Si place al rey, decrete que sean destruidos; y yo pesaré diez mil talentos de plata a los que manejan la hacienda, para que sean traídos a los tesoros del rey. **10** Entonces el rey quitó el anillo de su mano, y lo dio a Amán hijo de Hamedata agagueo, enemigo de los judíos, **11** y le dijo: La plata que ofreces sea para ti, y asimismo el pueblo, para que hagas de él lo que bien te pareciere.

15 Y salieron los correos prontamente por mandato del rey, y el edicto fue dado en Susa capital del reino. Y el rey y Amán se sentaron a beber; pero la ciudad de Susa estaba conmovida.

Para pensar

Encierra en un círculo el nombre de cada personaje principal que aparece en esta escena.

Escribe una descripción de una o dos palabras de cada personaje, de acuerdo a lo que has leído hasta ahora.

❯ EXPLORA EL TEXTO

AMÁN, EL HONORADO (Ester 2:21–3:6)

En los últimos versículos de Ester 2, se inserta una historia aparentemente aleatoria. Más tarde quedará claro que este detalle es cualquier cosa menos insignificante y más bien, es parte del cuidado providencial de Dios para Su pueblo. En su contexto inmediato sirve como otro ejemplo más de la desinteresada integridad de Mardoqueo. Al escuchar una conversación entre los guardias descontentos, el fiel judío arruinó un complot de asesinato y salvó la vida del rey pagano. La historia señala simplemente que la honorable obra fue registrada por el historiador del rey, y no se dan más detalles sobre ninguna recompensa o reconocimiento inmediato.

¿Cuándo has hecho algo que aparentemente no ha sido recompensado?

El relato de cómo Mardoqueo, humildemente arruinó un intento de asesinato, sirve como una transición y un contraste con un nuevo personaje: un enemigo orgulloso con el asesinato en su corazón. Toda buena historia tiene un antagonista. Amán, el hijo de Hamedata el agagueo, cumple bien este papel en la historia de Ester.

«Después de estas cosas» (3:1), es decir, unos cuatro años después de que el concurso de belleza de todo el imperio sentara a Ester en el trono de la reina, Amán logró subir la escalera política y ser nombrado jefe de todos los funcionarios del rey. Además de ese honor, el rey ordenó a todos los otros funcionarios de la corte que se inclinaran ante la presencia de Amán. Mardoqueo, también miembro de la corte del rey (2:19, 21; 3:2-3), ya sea motivado por su compromiso con el segundo de los Diez Mandamientos (No te harás imagen[...]No te inclinarás a ellas, ni las honrarás (Ex. 20:4-5; Dan. 3:8-18), o por la antigua enemistad judía-amalecita (sesión 1, «Entiende el contexto»), se negó a inclinarse ante Amán.

¿De qué manera trazas una línea entre la obediencia a la autoridad y la negativa a comprometer tu fe en Dios?

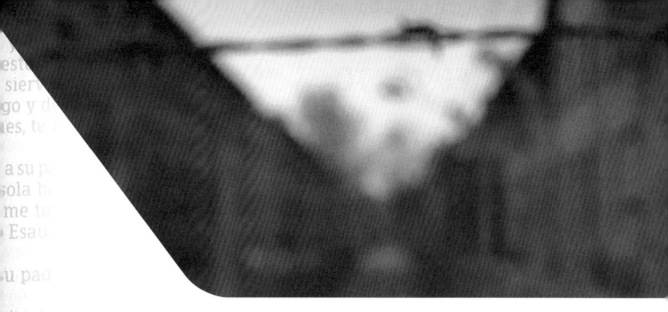

No hace falta decir que Amán no estuvo contento cuando se enteró que Mardoqueo y su etnia judía se negaban a inclinarse ante él (Est. 3:5-6). Amán no toleraría esta abierta rebelión contra la ley del país, y contra su orgullo, especialmente tratándose de un enemigo en una disputa cultural histórica. Amán decidió poner fin a esta pelea de siglos de una vez por todas. Su orgullo lo llevó a asumir que ahora su alta posición en el gobierno le permitía hacer exactamente eso. En lugar de solo castigar a Mardoqueo, Amán ideó un plan para destruir a todos los judíos del imperio Persa.

Las circunstancias geopolíticas y culturales del mundo parecen haber convergido perfectamente para brindar esta oportunidad para el genocidio del pueblo judío. Este tipo de circunstancias mundiales a menudo parecen estar bajo el control de los emperadores, *führers*, parlamentos o presidentes. El apóstol Pablo, sin embargo, escribiendo bajo la inspiración del Espíritu Santo, nos dice en Efesios 6:12 que «no tenemos lucha contra sangre y carne, sino contra principados, contra potestades, contra los gobernadores de las tinieblas de este siglo, contra huestes espirituales de maldad en las regiones celestes». En la ceguera de su orgullo y odio, Amán seguramente asumió que controlaba el destino de los judíos. Sin embargo, el Dios invisible y todopoderoso que hace todo «conforme al propósito del que hace todas las cosas según el designio de su voluntad» (Ef. 1:11), anula providencialmente a todas las demás autoridades.

Enumera algunas circunstancias en nuestro mundo de hoy que parecen estar más allá del control del Dios invisible y todopoderoso.

¿De qué manera podrías responder o ayudar a dirigir estas circunstancias para el bien?

¿De qué manera puedes mantenerte firme cuando enfrentas los desafíos?

AMÁN, EL ENEMIGO DEL PUEBLO DE DIOS
(Ester 3:7-11)

Los israelitas habían recibido «normas y preceptos tan justos, como toda esta ley» (Deut. 4:8), la ley que Dios había dado a Moisés generaciones antes de Mardoqueo y Ester (4:1-8). Los persas por otro lado, como muchas civilizaciones antiguas del cercano oriente, estaban inmersos en la superstición religiosa y la tradición. Entonces, cuando Amán determinó que haría exterminar a los judíos, estaba decidido, igualmente, a asegurarse de seleccionar el día más fatídico. Probablemente, Amán hizo que los astrólogos o adivinos lanzaran el «Pur (es decir, suerte... cada día y cada mes» (Est. 3:7) para determinar el día del juicio.

La palabra hebrea *Pur* parece derivarse de la palabra babilónica *pūru*, que significa *suerte* o *destino*. El término no se refería a un resultado fortuito místico o sin dirección, sino a un final determinado. Como veremos, un final o un destino habían sido determinados por todos los involucrados en este complot, pero no por Amán.

¿Por qué por naturaleza queremos que al final el bien triunfe?

Como jefe entre los funcionarios de Asuero, Amán explotó su conocimiento del deseo del rey de mantener la unidad del gran imperio persa. Amán contaba con el hecho de que el rey Asuero no permitiría que ningún grupo, bajo su dominio, amenazara esa cohesión o su poder como emperador. Por lo tanto, Amán destacó al pueblo judío y le dio su propio giro político al carácter de este «pueblo esparcido y diseminado entre los pueblos en todas las provincias de tu reino» (v. 8). Tejiendo una combinación de verdad y mentiras, además de ofrecer una contribución al tesoro real que equivalía a la mitad del ingreso anual del imperio persa (v. 9), Amán convenció al rey Asuero de que «no conviene al rey dejarlos vivos» (v. 8) y que tenían que ser destruidos.

DOCTRINA CLAVE
El Reino

El Reino de Dios incluye tanto Su soberanía general sobre el universo como Su reinado particular sobre las personas que voluntariamente lo reconocen como rey. Los cristianos deben orar y trabajar para que el Reino venga y se haga lo de Dios en la tierra.

Varios asuntos interesantes surgen aquí.

1. El hecho de que Amán poseyera una influencia tan persuasiva sobre el rey revela mucho sobre el carácter de Asuero. Este había invadido Grecia en un intento de expandir el dominio persa pero no le fue muy bien, no solo terminó en una derrota sino que también provocó otras rebeliones en el imperio. La confianza de Asuero en su propia destreza táctica puede haber contribuido a su disposición a prestar atención al consejo de sus funcionarios en lugar de, como rey, dirigir a su pueblo con una convicción bien informada y sabia (Prov. 29:4,12,14).

2. No se da ninguna indicación de que Asuero haya preguntado más sobre quién era exactamente este «grupo esparcido» (Est. 3:8). Él simplemente autorizó la solicitud de Amán, para que el mismo fuera exterminado. Si esta renuncia de la diligencia debida fue el resultado de la propensión de Asuero a las fiestas persa o su celo por reprimir cualquier posible intento de insurrección, la fría indiferencia del rey al genocidio de todo un grupo de personas en su imperio, no puede considerarse menos que una influencia demoníaca (2 Cor. 10:3-5; Ef. 6:12).

3. Ester 3:11 posiblemente indica que Asuero, por cualquier razón, no aceptó la extravagante oferta financiera de Amán. Más bien, el rey simplemente autorizó los recursos necesarios para que Amán ejecutara su plan. Una vez más, la ceguera espiritual y ética que puede autorizar el exterminio de innumerables seres humanos, sin ningún remordimiento de conciencia, muestra la depravación del corazón humano aparte de la gracia restrictiva del Dios invisible (Rom. 9:17).

4. El rey Asuero estaba preocupado por preservar su reino y autoridad a toda costa. La ironía de esta característica de la historia de Ester se desarrollará a su debido tiempo a medida que continuemos nuestro estudio. Por ahora, sin embargo, considera los grandes esfuerzos que Amán y el rey Asuero hicieron para preservar sus propios «reinos» y personas. Esta mentalidad de

auto-conservación a cualquier costo, así como el «destino» o el resultado que Dios determina para tal mentalidad, fue abordada por Jesús en el Nuevo Testamento (Mar. 8:35-37; Luc. 9:24 -25).

AMÁN, ESTABA SEGURO DE SÍ MISMO
(Ester 3:15)

Según las estrictas «leyes de Persia y de Media», un documento escrito «acerca de los judíos como os parezca bien, en nombre del rey, y selladlo con el anillo del rey; porque un decreto que está escrito en nombre del rey y sellado con el anillo del rey no puede ser revocado» (1:19; 8:8; ver Dan. 6:8,12). El propio Amán había elaborado el lenguaje exacto del edicto del rey «de exterminar, matar y aniquilar a todos los judíos, jóvenes y ancianos, mujeres y niños, y saquear sus bienes en un solo día: el día trece del mes duodécimo, es decir, el mes de adar» (Est. 3:13). Este edicto fue traducido a los idiomas de todos los pueblos que vivían en el imperio y distribuido desde Susa por medio de mensajeros a los líderes gubernamentales en cada una de las 127 provincias. La fecha de exterminio y el destino del pueblo judío habían sido decididos.

A pesar del desconcierto que ese anuncio había arrojado sobre la ciudad de Susa, «el rey y Amán se sentaron a beber» (v. 15). Es decir, ambos recurrieron al banquete y la borrachera que eran habituales entre la aristocracia persa. Aquí nuevamente se muestra la oscuridad del depravado corazón humano que no tiene en cuenta la vida, apartada de la gracia restrictiva del Dios invisible.

¿Qué fuerzas podrían motivar al corazón humano a ignorar u odiar a otros seres creados a la imagen de Dios (Gén. 9:6)?

¿Qué fuerzas o acciones podrían motivar al corazón humano a considerar a la vida humana como lo hace Dios?

PREPARACIÓN BÍBLICA

Profundiza más en el contexto, usando un diccionario bíblico (ya sea en forma impresa, digital o en Internet).

Usa un diccionario bíblico para obtener más información sobre Agag y los agagueos (también conocidos como Amalecitas). Busca las formas en las que su historia se cruza con la historia del pueblo de Dios, Israel. Busca determinar cómo esas intersecciones podrían haber afectado a Amán y a su visión de los judíos.

❯ OBEDECE EL TEXTO

El pueblo de Dios puede honrarlo cuando enfrenta la persecución y los malentendidos. El orgullo sin control, abre la puerta a pecados mayores, incluyendo el odio étnico y religioso.

¿Cómo puedes responder a las formas modernas de persecución dirigida hacia ciertos grupos de personas?

Como grupo, ¿cómo pueden alentarse unos a otros en los momentos de ataques personales o malentendidos?

¿Qué pasos tomarás para buscar la comprensión y promover la paz sin comprometer la fe en Dios?

MEMORIZA

«Mardoqueo ni se arrodillaba ni se humillaba». Ester 3:2

Usa el espacio proporcionado para hacer observaciones y anotar los pedidos de oración durante la experiencia grupal de esta sesión.

MIS PENSAMIENTOS

Registra las perspectivas y las preguntas de la experiencia grupal.

_____

_____

_____

_____

_____

_____

MI RESPUESTA

Anota la manera específica en que puedes poner en práctica la verdad explorada esta semana.

_____

_____

_____

_____

_____

_____

MIS ORACIONES

Enumera las necesidades específicas de oración y las respuestas para recordar esta semana.

_____

_____

_____

_____

_____

_____

DOLOR Y VALENTÍA DIVINOS

El duelo piadoso puede llevar a una actuación fiel y desinteresada.

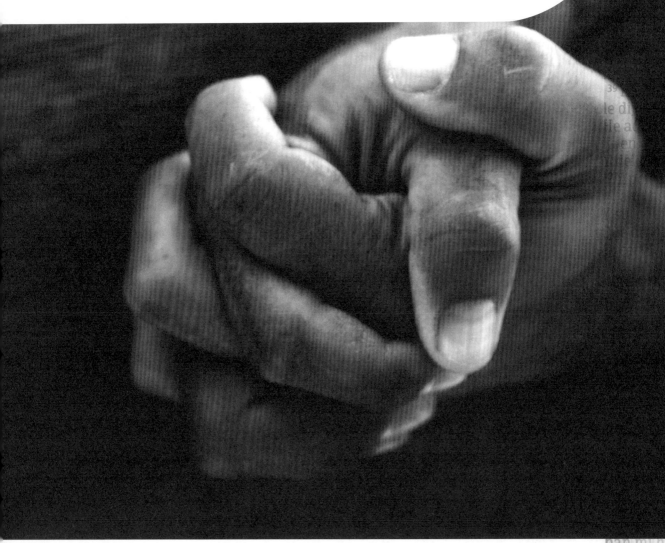

❯ ENTIENDE EL CONTEXTO

USA LAS SIGUIENTES PÁGINAS COMO PREPARACIÓN PARA EL TIEMPO EN EL GRUPO.

Hay algunas cosas que no se pueden deshacer. Parece que existe un punto de no retorno que las personas, las relaciones o una series de eventos pueden alcanzar, ya sea sin querer o intencionalmente. A partir de allí no hay marcha atrás, ya sea una palabra, una decisión, un accidente, una traición, una pérdida, una muerte o una resolución.

Todos en el imperio Persa entendían que cuando el rey establecía una ley y la sellaba con su anillo de sellar, «para que no pueda ser revocado, conforme a la ley de Media y de Persia» (Dan. 6:8; también ver v.12; Est. 1:19; 8:8) no había marcha atrás. Amán estaba muy consciente de este hecho, y lo demostró claramente con su caballeroso regreso a la mesa del banquete. Amán confiaba en que su deseo estaba a punto de cumplirse: los judíos, el antiguo enemigo de su pueblo, los amalecitas, serían aniquilados de una vez por todas. La ley irrevocable de la tierra ahora había determinado ese destino.

Aparentemente, otra ley de Media y de Persia había determinado que ninguna persona guardando duelo podía entrar a los terrenos del palacio. Quizás la motivación detrás de esa costumbre era que tales muestras de emoción, particularmente la tristeza, por parte del rey u otros funcionarios, estaban por debajo de la dignidad de un líder o mostraban una debilidad, que la gente imitaría (2 Sam. 3:32-34; 6:16,20). Nehemías, que más tarde sirvió como mayordomo del rey Artajerjes (el hijo y sucesor de Asuero), aludió a esa costumbre cuando escribió: «como él (el rey) nunca antes me había visto triste». (Neh. 2:1). Luego, cuando el rey le preguntó acerca de su visible tristeza por el mal estado de Jerusalén, Nehemías expresó: «temí en gran manera» (Neh. 2:1-2).

Esa ley probablemente estaba en vigor en la época de Mardoqueo y Ester, porque cuando Mardoqueo supo del edicto del rey para exterminar a todos los judíos en todo el imperio, intencionalmente limitó la exhibición pública de su luto solo «hasta delante de la puerta del rey» (Est. 4:2), donde probablemente servía como uno de los oficiales del rey. Como dignatario que era, Mardoqueo estaba consciente de que sus actos podrían no llamar la atención del rey, pero seguramente pretendía que captaran la atención de otros, y lo más importante, la atención de su prima Ester.

> «PRONUNCIA PALABRAS DE PESAR; EL DOLOR QUE NO HABLA, TENSA AL CORAZÓN QUE ESTÁ LLENO DE TENSIÓN Y LE PIDE QUE SE ROMPA».
> —*William Shakespeare*

>ESTER 4:1-4,8-17

Para pensar

Encierra en un círculo las descripciones de duelo y aflicción.

Subraya las palabras o frases que señalan a la fe en Dios.

1 Luego que supo Mardoqueo todo lo que se había hecho, rasgó sus vestidos, se vistió de cilicio y de ceniza, y se fue por la ciudad clamando con grande y amargo clamor.**2** Y vino hasta delante de la puerta del rey; pues no era lícito pasar adentro de la puerta del rey con vestido de cilicio.**3** Y en cada provincia y lugar donde el mandamiento del rey y su decreto llegaba, tenían los judíos gran luto, ayuno, lloro y lamentación; cilicio y ceniza era la cama de muchos.**4** Y vinieron las doncellas de Ester, y sus eunucos, y se lo dijeron. Entonces la reina tuvo gran dolor, y envió vestidos para hacer vestir a Mardoqueo, y hacerle quitar el cilicio; mas él no los aceptó.

8 Le dio también la copia del decreto que había sido dado en Susa para que fuesen destruidos, a fin de que la mostrase a Ester y se lo declarase, y le encargara que fuese ante el rey a suplicarle y a interceder delante de él por su pueblo. **9** Vino Hatac y contó a Ester las palabras de Mardoqueo. **10** Entonces Ester dijo a Hatac que le dijese a Mardoqueo: **11** Todos los siervos del rey, y el pueblo de las provincias del rey, saben que cualquier hombre o mujer que entra en el patio interior para ver al rey, sin ser llamado, una sola ley hay respecto a él: ha de morir; salvo aquel a quien el rey extendiere el cetro de oro, el cual vivirá; y yo no he sido llamada para ver al rey estos treinta días. **12** Y dijeron a Mardoqueo las palabras de Ester. **13** Entonces dijo Mardoqueo que respondiesen a Ester: No pienses que escaparás en la casa del rey más que cualquier otro judío. **14** Porque si callas absolutamente en este tiempo, respiro y liberación vendrá de alguna otra parte para los judíos; mas tú y la casa de tu padre pereceréis. ¿Y quién sabe si para esta hora has llegado al reino? **15** Y Ester dijo que respondiesen a Mardoqueo:**16** Ve y reúne a todos los judíos que se hallan en Susa, y ayunad por mí, y no comáis ni bebáis en tres días, noche y día; yo también con mis doncellas ayunaré igualmente, y entonces entraré a ver al rey, aunque no sea conforme a la ley; y si perezco, que perezca. **17** Entonces Mardoqueo fue, e hizo conforme a todo lo que le mandó Ester.

> EXPLORA EL TEXTO

EL ALMA DESGARRADA DE MARDOQUEO
(Ester 4:1-4)

Al escuchar la trágica e irrevocable noticia de que todos los judíos en todas partes debían ser exterminados, Mardoqueo, uno de los funcionarios del rey y ahora conocido por ser judío (3:4), expresó tanto su dolor como sus oraciones a Dios de una manera acostumbrada para los judíos y otros pueblos antiguos: «rasgó sus vestidos, se vistió de cilicio y de ceniza y fue por la ciudad clamando con grande y amargo clamor» (4:1; también ver Gén. 37:34; 2 Sam. 3:31; Isa.37:1; Jon. 3:5-8). Mardoqueo se unió a otros judíos tanto en Susa como en todas las provincias en este duelo público, debido a su inminente destino.

¿Cuándo fue la última vez que experimentaste una tristeza intensa? ¿Por qué lloraste? ¿Cómo expresaste tu dolor?

Rasgarse la ropa, vestirse de cilicio y cenizas para mostrar una pena puede parecer un poco exagerado para los sofisticados occidentales del siglo XXI. Sin embargo, ese es precisamente el punto de esta acción. Los que expresaban su sufrimiento de esta manera, manifestaban un profundo dolor por una circunstancia triste o una injusticia inexpresable. Esos dolientes estaban tan afectados por las circunstancias que sus vidas y reputaciones era lo que menos les preocupaba. Además, los dolientes consideraban sus propias almas destrozadas, que se parecían a sus ropas rotas. Al mostrar sus almas para pedir ayuda ante la Deidad todopoderosa y santa, los dolientes reconocían el estado indigno y terrenal de sus propios seres ante la presencia de Dios. Solo cubriéndose con ropa desagradable, incómoda y polvo o cenizas podían expresar la fragilidad y humildad que sentían.

Al enterarse del mensaje de Mardoqueo, Ester «tuvo gran dolor» (Est. 4:4) incluso antes de saber «qué sucedía, y por qué estaba así» (v. 5). El verbo en hebreo *chíl*, que se usa para describir la respuesta de Ester, a menudo se usaba para expresar los dolores de parto. La angustia emocional de Ester, por lo tanto, podría traducirse así: «Ella se retorció de angustia».

Los temores que cualquiera de nosotros pudiera tener, seguramente inundaron la mente de Ester. Es evidentemente que Mardoqueo era un hombre sobrio,

por lo que Ester habría asumido que esa muestra de indignidad no era posible, sin una razón muy seria. Además, Ester pudo haber temido tanto por la seguridad de Mardoqueo como por su propia seguridad, ya que este respetado funcionario del rey que era su padre adoptivo, bien podría haber estado arriesgando la vida de ella, al expresar su dolor con tanta vehemencia, justo afuera de la puerta donde él había servido, y donde estaban prohibidas esas manifestaciones de luto. Su respuesta, ya fuera motivada por el miedo o con la genuina intención de consolar, fue de enviar ropas para reemplazar la tela de saco, pero su oferta fue rechazada por Mardoqueo. Su tristeza necesitaba ser expresada. Era digno sentir el peso de su severidad, Ester lo debía entender. Ella necesitaba ser perturbada e impulsada a tomar una acción.

¿Cuándo has intentado apresurarte para encubrir o consolar a alguien en su dolor de una manera que no fue favorable? ¿Fue realmente tu deseo ayudarlo o sentirte tú mejor o más a gusto?

EL DESAFÍO DE MARDOQUEO A LA REINA *(Ester 4:8-14)*

El despliegue de Mardoqueo había logrado captar la atención de la reina que era su prima. Ester descubrió la noticia del edicto del rey gracias a la respuesta pública de Mardoqueo al edicto, y no por una comunicación directa del rey con ella (vv. 4-5). Se puede obtener mucha información sobre el nivel de comunicación entre el rey y la reina de Persia, considerando el hecho de que la acción de Mardoqueo fue el medio por el cual la reina descubrió la noticia del edicto del rey y que ella no había sido invitada a aparecer ante el rey en los 30 días anteriores (v. 11).

Ester envió a su asistente de confianza, Hatac (cuyo nombre significa mensajero), para averiguar por qué Mardoqueo se estaba comportando de esta manera. A pesar de cualquier temor que

Hatac pudo haber tenido al entregar un mensaje tan contundente a su reina, Hatac transmitió todos los detalles de las instrucciones de Mardoqueo de que «fuese ante el rey a suplicarle y a interceder delante de él por su pueblo» (v. 8) Mardoqueo estaba consciente no solo de que su familiaridad con su hija adoptiva le otorgaría una audiencia con ella, sino también de que no podía excluirse ninguna opción, porque estaba en juego el destino de su gente y el de Ester.

¿Cuándo has tenido que comunicarle la verdad a alguien? ¿Cómo lo hiciste?

¿Cuándo has recibido malas noticias? ¿Cómo respondiste?

Ester consideró bien su respuesta a Mardoqueo y le recordó otra ley de Media y de Persia: cualquiera, incluso la reina, que se acercara al rey sin ser convocado por él estaba arriesgando su vida (v. 11). Solo el rey podía conceder clemencia a alguien tan presuntuoso. Mardoqueo, nuevamente estando consciente de que todas las opciones debían de estar sobre la mesa, aconsejó a Ester desde el punto de vista de su experimentada sabiduría, como uno que estaba comprometido con la ley, las promesas y la providencia del Dios de Israel, así como por sus años de experiencia como oficial del rey. Probablemente con las palabras más importantes y memorables en todo el libro de Ester, Mardoqueo le recordó a su joven prima judía, tanto la fidelidad del Dios de Israel como su propia responsabilidad de ser fiel, como alguien que está en una relación de pacto con Dios. Mardoqueo desafió a Ester:

> *Entonces dijo Mardoqueo que respondiesen a Ester: No pienses que escaparás en la casa del rey más que cualquier otro judío. Porque si callas absolutamente en este tiempo, respiro y liberación vendrá de alguna otra parte para los judíos; mas tú y la casa de tu padre pereceréis. ¿Y quién sabe si para esta hora has llegado al reino?* **Ester 4:13-14**

La frase «en este tiempo» (v. 14) muestra el tema del libro de Ester de la providencia invisible de Dios sobre todas las cosas. La palabra *providencia* proviene de dos palabras en latín, pro y videre que significan *ver antes o prever*. El desafío de Mardoqueo a Ester, así como a todos los que después leerían su historia, era: hay que confiar en que el Dios invisible, el Dios de Israel, ve todas las cosas de antemano y gobierna todas las cosas de acuerdo con Sus sabios y buenos propósitos, incluida la salvación de todos los que lo aman (Rom. 8:28; Ef. 1:11).

Describe un momento en el que experimentaste un dilema de fe en el que los riesgos eran altos. ¿Quién o qué te ayudó a decidir cómo proceder?

¿Cuándo has sentido que Dios te ubica en el lugar y el momento correctos para hacer algo para Su gloria?

¿Quién, dentro de tu esfera de influencia, necesita ánimo para crecer en su fe y obediencia, y cómo pudieras ofrecerle ayuda de una manera que honre a Dios?

LA ORACIÓN DE MARDOQUEO CON LA REINA (Ester 4:15-17)

En otra parte de la Escritura, Abraham, otra persona que vivió entre diferentes culturas, se presenta como el padre de todos los que poseen el tipo de fe que agrada a Dios. El apóstol Pablo escribió que Abraham le creyó a Dios, y su fe fue contada por justicia (Rom. 4:12,16-22). La fe de Abraham puede parecer muy radical, pero la fe, por definición, es simplemente creer que lo que Dios ha dicho que es verdad. Abraham creía tan firmemente en la promesa de Dios de que Él multiplicaría su descendencia «como las estrellas del cielo [...] y la arena que está a la orilla del mar» (Gén. 22:17) que estaba dispuesto, por orden clara de Dios, a sacrificar al único hijo por medio del cual se cumpliría la promesa de Él (ver Gén.22:1-18). Abraham creía que incluso si mataba a Isaac, Dios podía resucitarlo para cumplir Su promesa (Hech. 11:19).

Por lo tanto, la fe que agrada a Dios sigue «las pisadas de la fe que tuvo nuestro padre Abraham antes de ser circuncidado» (Rom. 4:12; también ver Mat. 17:20; Hech. 11:6). Las personas como Ester que ejercen este tipo de fe, confían en la providencia y las promesas de Dios, aún más de lo que valoran a sus propias vidas. Ante el reto de responder con fe, Ester ejerció el tipo de fe que mostró que ella era una descendencia de su padre Abraham. Ester solicitó a Mardoqueo que reuniera a todos los judíos que pudiera encontrar en Susa, y luego convocó a un ayuno colectivo para buscar la intervención invisible de Dios. Siguiendo «las pisadas de la fe que tuvo nuestro padre Abraham» (Rom. 4:12), Ester valientemente determinó: «entraré a ver al rey, aunque no sea conforme a la ley; y si perezco, que perezca» (Est. 4:16).

¿Cómo se te desafía a confiar en Dios en tus circunstancias, por trágicas que sean, como Ester confió en Dios con la fe de Abraham?

¿Cuándo has practicado disciplinas espirituales como la oración y el ayuno para tener valor para hacer algo que Dios quería que hicieras? ¿Cuál fue el resultado?

PREPARACIÓN BÍBLICA
Compara otra instancia de una actividad en la Escritura, buscando puntos en común y sus diferencias.

Ester pidió que se instituyera un ayuno mientras se preparaba para acercarse al rey. Compara otros pasajes de la Biblia en los que se solicitó el ayuno (ejemplos: Hech.13:1-2; 14:21-23).

¿Cómo son los propósitos del ayuno similares y diferentes en estos pasajes?

¿Qué papel puede tener hoy el ayuno, en la vida de los cristianos?

❯ OBEDECE EL TEXTO

Los efectos del pecado en este mundo son trágicos. Como creyentes, tenemos la responsabilidad de actuar según la verdad de Dios que Él nos da a conocer. La obediencia puede implicar un riesgo, pero ningún riesgo es tan grande como no obedecer. Podemos actuar a la luz de la providencia de Dios, dejándole los resultados.

Toma tiempo, ahora mismo, para sentir la carga del efecto del pecado en este mundo. Expresa a Dios lo que hay en tu corazón.

¿Con quién, para qué y cuándo ayunarás y orarás específicamente para tener claridad y audacia sobre la voluntad de Dios para tu vida?

Enumera los riesgos involucrados cuando dudes en actuar en algo que Dios te indique que hagas. ¿Qué pasos tomarás para ser obediente?

¿En qué situaciones has tratado de controlar el resultado en lugar de confiar los resultados a Dios? ¿Qué pasos tomarás para renunciar al control y confiar por completo en Dios?

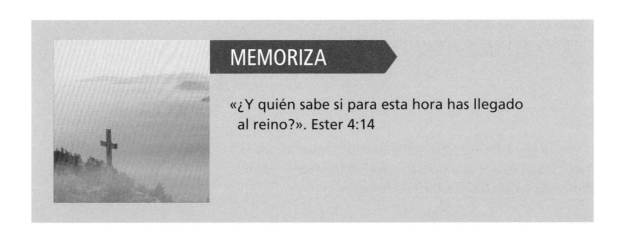

MEMORIZA

«¿Y quién sabe si para esta hora has llegado al reino?». Ester 4:14

Usa el espacio proporcionado para hacer observaciones y
registrar los pedidos de oración durante la experiencia
grupal de esta sesión.

MIS PENSAMIENTOS

Registra las perspectivas y las preguntas de la experiencia grupal.

_____
_____
_____
_____
_____
_____

MI RESPUESTA

Anota la manera específica en que puedes poner en práctica la verdad
explorada esta semana.

_____
_____
_____
_____
_____
_____

MIS ORACIONES

Enumera las necesidades específicas de oración y las respuestas para recordar
esta semana.

_____
_____
_____
_____
_____
_____

VIVIR GENEROSAMENTE O EGOÍSTAMENTE

Dios levanta mediadores para que intercedan por Su pueblo enfrentando una oposición peligrosa.

➤ ENTIENDE EL CONTEXTO

USA LAS SIGUIENTES PÁGINAS COMO PREPARACIÓN PARA EL TIEMPO EN EL GRUPO.

Una gran libertad y audacia vienen al saber que la vida no se trata de nosotros. Vivir para ser aprobados por los demás, o para la protección y el avance de nosotros mismos, se convierte en una búsqueda vacía e interminable. Irónicamente, la vida es rica en significado cuando vivimos sacrificándonos por el bien de los demás.

John Woolman, un cuáquero estadounidense del siglo XVIII, dedicó su vida de adulto a la causa de la abolición de la esclavitud en la América colonial. Él poseía tal poder e influencia moral, especialmente entre sus compañeros cuáqueros, que convenció a muchos esclavistas a liberar a sus esclavos. Al hacerlo, Woolman mostró el poder de una persona, sometida a Dios, para defender lo que es correcto.

El impulso del ejemplo de Woolman venía directamente de la Escritura. La Biblia está llena de relatos de hombres y mujeres que confiaron en Dios y asumieron posiciones valientes para vivir por Él. Algunos de ellos enfrentaron la terrible posibilidad del martirio, pero no retrocedieron en su devoción al Dios viviente. Él usó a estos hombres y mujeres, personas como Ester, para avanzar en los propósitos de Su reino.

En los tiempos peligrosos se exige una postura valiente. Mardoqueo le insinuó a Ester que ella había nacido para tiempos como este en el que los judíos se enfrentaban a Asuero. Dios la hizo darse cuenta de una gran necesidad y la había colocado en una posición para que pudiera actuar intercediendo por Su pueblo del pacto. Ella tenía que tomar una decisión. ¿Viviría para disfrutar su comodidad temporal o para el bienestar de los demás? ¿Arriesgaría su vida para oponerse a un enemigo vicioso y egoísta, bajo la amenaza de una ley inmutable, corriendo el riesgo de ser malinterpretada por un rey que se había librado de la reina anterior por faltarle el respeto? La única esperanza de Ester era romper todas las expectativas y normas sociales. La vida del pueblo de Dios estaba en juego.

> «DETRÁS DE CADA LLAMADO ESPECÍFICO, YA SEA PARA ENSEÑAR, PREDICAR, ESCRIBIR, ALENTAR O CONSOLAR, HAY UN LLAMADO MÁS PROFUNDO QUE DA FORMA AL PRIMERO: EL LLAMADO A ENTREGARNOS, EL LLAMADO A MORIR».
> —*Michael Card*

❯ ESTER 5:1-10,14

Para pensar

Encierra en un círculo las palabras en este pasaje que expresen emociones como: aprobación, placer, alegría, miedo, rabia, etcétera.

¿Qué destacan esas palabras del modo de pensar de Ester?

¿Qué destacan del modo de pensar de Amán?

1 Aconteció que al tercer día se vistió Ester su vestido real, y entró en el patio interior de la casa del rey, enfrente del aposento del rey; y estaba el rey sentado en su trono en el aposento real, enfrente de la puerta del aposento. **2** Y cuando vio a la reina Ester que estaba en el patio, ella obtuvo gracia ante sus ojos; y el rey extendió a Ester el cetro de oro que tenía en la mano. Entonces vino Ester y tocó la punta del cetro. **3** Dijo el rey: ¿Qué tienes, reina Ester, y cuál es tu petición? Hasta la mitad del reino se te dará. **4** Y Ester dijo: Si place al rey, vengan hoy el rey y Amán al banquete que he preparado para el rey. **5** Respondió el rey: Daos prisa, llamad a Amán, para hacer lo que Ester ha dicho. Vino, pues, el rey con Amán al banquete que Ester dispuso. **6** Y dijo el rey a Ester en el banquete, mientras bebían vino: ¿Cuál es tu petición, y te será otorgada? ¿Cuál es tu demanda? Aunque sea la mitad del reino, te será concedida. **7** Entonces respondió Ester y dijo: Mi petición y mi demanda es esta: **8** Si he hallado gracia ante los ojos del rey, y si place al rey otorgar mi petición y conceder mi demanda, que venga el rey con Amán a otro banquete que les prepararé; y mañana haré conforme a lo que el rey ha mandado. **9** Y salió Amán aquel día contento y alegre de corazón; pero cuando vio a Mardoqueo a la puerta del palacio del rey, que no se levantaba ni se movía de su lugar, se llenó de ira contra Mardoqueo. **10** Pero se refrenó Amán y vino a su casa, y mandó llamar a sus amigos y a Zeres su mujer, **11** y les refirió Amán la gloria de sus riquezas, y la multitud de sus hijos, y todas las cosas con que el rey le había engrandecido, y con que le había honrado sobre los príncipes y siervos del rey.

14 Y le dijo Zeres su mujer y todos sus amigos: Hagan una horca de cincuenta codos de altura, y mañana di al rey que cuelguen a Mardoqueo en ella; y entra alegre con el rey al banquete. Y agradó esto a los ojos de Amán, e hizo preparar la horca.

❯ EXPLORA EL TEXTO

EL ACTO FIEL DE ESTER (Ester 5:1-5)

Como hemos visto, las leyes de los Medos y los Persas eran muy específicas. Una de esas leyes impedía que alguien que no hubiera sido convocado se acercara al rey. Quizás esta prohibición se debió a la larga historia de asesinatos políticos en el Imperio Persa. (De hecho, Asuero fue asesinado en su cama menos de 10 años después, por Artabano que era el comandante de su escolta real, quien al ser descubierto fue ejecutado, junto con sus hijos por Artajerjes I que era el hijo y sucesor de Asuero). Esta prohibición de acercarse al rey, sin duda, también reforzaba la reputación autoritaria del rey.

Los consejeros del rey habían alentado el reforzamiento de esa postura autoritaria a la luz del desafío público de Vasti a la autoridad del rey (1:13-22). Ester seguramente consideró el paso en falso de su predecesora y su fallecimiento, mientras consideraba su propio problema. A pesar del peligro de su acción o su inacción, Ester se vio obligada a tomar la difícil decisión de arriesgar su vida y acercarse a su esposo, el rey, sin ser invitada y a confiar en Dios para el resultado.

Algunos sugieren que debido a que Ester no había sido convocada para comparecer ante el rey durante los últimos 30 días (4:11), ella había perdido el favor del rey. Aunque existe esa posibilidad, no se presenta ninguna evidencia para apoyar esa teoría. Considerando que (1) Asuero estaba involucrado en constantes empresas políticas y militares; (2) como muchas culturas antiguas del Cercano Oriente, los reyes persas mantenían harenes; y (3) las relaciones matrimoniales del Cercano Oriente, necesariamente no son paralelas con las nociones occidentales del siglo XXI de la vida conyugal como una asociación servicial mutua. Tal vez la separación no sugiera más que el hecho de que el rey, simplemente no había tenido la oportunidad para tener el tipo de compromiso con Ester que tuvo durante la búsqueda inicial y su entronización como su nueva reina. Además, la respuesta inmediata del rey a Ester en su estrategia, sugiere que ella no había caído en desgracia con él (5:2).

¿En qué asuntos, relaciones o situaciones corres el riesgo de ser mal entendido o de ofender involuntariamente a alguien con tu fe? ¿En qué áreas de tu vida podrías pagar un gran costo personal por asumir una posición o defender lo que es correcto?

Habiendo decidido acercarse al rey aunque «no sea conforme a la ley» (4:16), Ester durante tres días oró y ayunó con Mardoqueo, sus sirvientas y todos los judíos dispuestos que se encontraron en Susa. La constante gracia de carácter que siempre le había ganado a Ester el «agrado» y «favor de todos los que la veían» (2:9,15; también ver 2:17) también adornaba su acercamiento al principal dignatario de la tierra, aunque él fuera su esposo. La prudencia, la reverencia y la humildad de Ester mientras se preparaba para entrar a la presencia del rey, que literalmente tenía en sus manos el poder de la vida y la muerte de Ester, recuerda el acercamiento a Dios recomendado por Salomón en Eclesiastés 5:1-2. Ester se vistió de una manera acorde con el público del rey del imperio, entró por sus puertas, se paró en el patio y humildemente esperó la palabra del rey. «Y cuando vio a la reina Ester que estaba en el patio, ella obtuvo gracia ante sus ojos» de tal manera que él estaba dispuesto a ofrecerle «hasta la mitad del reino» (Est. 5:2-3,6; también ver Luc. 12 :32; Juan 16:23-24).

La fe de Ester se muestra en parte, porque consideró que la vida de los demás era más importante que la suya (Juan 15:13; Fil. 2.3). Es posible que no podamos hacer una declaración definitiva sobre la fe de Ester basándonos solo en el hecho de que ella había preparado un banquete incluso antes de estar segura de que estaría viva para asistir. Aunque Ester estaba caminando en «las pisadas de la fe que tuvo nuestro padre Abraham» (Rom. 4:12), no tenía ninguna razón segura para creer que su vida, de alguna manera, se salvaría. Abraham, creyendo la promesa de Dios (Hech. 11:19), con previsión similar, les dijo a los jóvenes que lo acompañaban al monte Moriah, donde sacrificaría a Isaac: «Esperad aquí con el asno, y yo y el muchacho iremos hasta allí y adoraremos, y volveremos a vosotros» (Gén. 22:5). La previsión de Ester, sin embargo, muestra su esperanza y disposición en el caso de que su acercamiento y solicitud fueran recibidos.

¿Cuándo has tenido que actuar antes de saber lo que Dios va a hacer?

El banquete que Ester había preparado era para su esposo y el principal asesor, Amán. El texto no proporciona información sobre la razón por la que Ester invitó a Amán. Cualquiera que fuera su motivación, Ester estaba buscando una oportunidad para desenmascarar a Amán y su malvado plan y suplicar por la vida de su pueblo. Ella pacientemente esperó en el Señor (Sal. 40:1) en lugar de forzar emocionalmente sus deseos.

¿Alguna vez has tenido que esperar pacientemente, cuando tal vez, no decir o hacer algo en ese momento fue más difícil o aterrador que tratar de tomar el asunto en tus propias manos?

LA HUMILDE PETICIÓN DE ESTER
(Ester 5:6-10)

En el banquete, «mientras bebía vino» (v. 6) el rey (como lo estaba haciendo cuando ordenó a Vasti que desfilara ante sus invitados) (1:7-11; Dan. 5:1-4), una vez más le dijo a Ester que su petición le sería otorgada (Est. 5:6). Claramente, Ester seguía contando con la «gracia y benevolencia» del rey (2:17), ya fuera por la providencia de Dios, el carácter y la belleza de Ester, o ambos.

Del mismo modo que el texto no proporciona una explicación de por qué Ester quería a Amán en el banquete, no se da ninguna motivación para que Ester aplazara su solicitud hasta el segundo día de banquete (5:8). Dada la humildad y la templanza de Ester (2:13,15b), quizás el banquete inicial era habitual o prudente. Del mismo modo, a la luz de la propensión persa a los banquetes, otra razón puede ser que tales propuestas se llevaran a cabo habitualmente, después de que los invitados se sintieran encantados con la comida, la bebida y otros lujos (1:5-10a). Otra opción puede ser que Ester intentaba en oración, discernir la receptividad del rey a su propuesta. Todavía no había determinado cómo abordar el tema con su esposo y estaba esperando la oportunidad adecuada para presentarle el asunto. Cualquiera que fuera la motivación de Ester para retener su pedido hasta un segundo banquete, el Dios invisible estaba ordenando los pasos de Ester en el tiempo perfecto.

DOCTRINA CLAVE
Justicia cristiana

Todos los cristianos están obligados a hacer la voluntad suprema de Cristo en sus vidas y en la sociedad. Los creyentes deben trabajar para mantener a los huérfanos, los necesitados, los maltratados, los ancianos, los indefensos y los enfermos, luchando por la santidad de la vida humana desde la concepción hasta la muerte natural. Todo cristiano debe tratar de poner a la industria, el gobierno y la sociedad en su conjunto bajo el dominio de los principios de justicia, verdad y amor fraternal.

Antes de que se pusiera el sol el primer día, el orgullo de Amán se había inflado aún más que antes, habiendo sido un invitado de honor a no solo uno, pero dos días de banquetes con anfitriones que razonablemente podrían considerarse como el rey y la reina del mundo. Salió del palacio «contento y alegre de corazón» (5:9). Cuando se fue, pasó junto a Mardoqueo en la puerta del rey, quien seguía no estando intimidado por Amán, y todavía se negaba a inclinarse ante su presencia. El orgullo de Amán lo llenó de ira contra Mardoqueo, aunque mantuvo la compostura al pasar. Al llegar a casa, Amán convocó a sus amigos y a su esposa y se jactó de la gloria, el favor y la aprobación que el rey le había otorgado (vv. 10-12).

¿Cuándo tu orgullo herido te ha hecho desear o incluso buscar la eliminación, la desgracia o el daño de otra persona?

¿Cuándo has buscado un mal consejo para reafirmar tus deseos demasiado emocionales?

¿Cuándo has actuado precipitadamente por orgullo, celos, ira o ambición?

EL ORGULLO INFIEL DE AMÁN
(Ester 5:14)

Aún descontento porque Mardoqueo todavía tenía un lugar en la puerta del rey, Amán escuchó el consejo de su esposa y sus amigos, ante quienes acababa de jactarse de sí mismo y de todos sus logros. Ellos le aconsejaron que construyera una horca de cincuenta codos de altura y luego le pidiera al rey que colgara a Mardoqueo en la mañana. Instaron a Amán, entonces: «entra alegre con el rey al banquete» (v. 14). Se nos dice que: «agradó esto [el consejo] a los ojos de Amán» (v. 14).

Como vimos en Ester 3:7-11 (sesión 2), este es otro retrato de la depravación del corazón humano, aparte de la gracia restrictiva del Dios invisible. La ceguera ética y espiritual de Amán se demostró por el hecho de que podía sentirse complacido con el consejo de matar a otro ser humano que fue hecho a imagen de Dios, simplemente por su desprecio personal por esa persona.

¿Cuándo le has dado consejos impíos a alguien, buscando afirmar sus emociones y deseos?

¿En qué te pareces a Amán?

Lee Mateo 5:21-22. ¿Qué enseñó Jesús sobre las malas acciones y la condición de nuestros corazones?

PREPARACIÓN BÍBLICA
Busca otros lugares donde se usa una palabra en las Escrituras.

Usa la concordancia en la parte posterior de tu Biblia o busca en línea las siguientes palabras del pasaje de hoy y escribe cualquier idea sobre lo que la Biblia dice sobre cada una. Para profundizar aún más, también busca sus sinónimos y antónimos.

Alegría

Ira

* mywsb.com es un gran recurso gratuito.

❯ OBEDECE EL TEXTO

Dios obra detrás de la escena, por así decirlo, pero también obra por medio de Su pueblo. Él actúa por medio de nuestras acciones. Él obra en nuestro trabajo.

¿De qué necesidad(es) estás consciente?

¿Qué necesitas hacer por la obra de Dios en el mundo que te rodea, sin importar el posible sacrificio personal?

¿Qué te ha impedido darte por completo para satisfacer esa necesidad? ¿Qué te intimida o te asusta?

¿Qué pasos tomarás para compartir el amor, la esperanza y la salvación de Jesús con respecto a esa necesidad?

MEMORIZA ❯

«¡Sea así, oh Jehová, si no te he rogado por su bien, si no he suplicado ante ti en favor del enemigo en tiempo de aflicción y en época de angustia!» Jeremías 15:11

Usa el espacio proporcionado para hacer observaciones y registrar los pedidos de oración durante la experiencia grupal de esta sesión.

MIS PENSAMIENTOS

Registra las perspectivas y las preguntas de la experiencia grupal.

_____
_____
_____
_____
_____
_____

MI RESPUESTA

Anota la manera específica en que puedes poner en práctica la verdad explorada esta semana.

_____
_____
_____
_____
_____
_____

MIS ORACIONES

Enumera las necesidades específicas de oración y las respuestas para recordar esta semana.

_____
_____
_____
_____
_____
_____

EL TIEMPO PERFECTO DE DIOS

Dios finalmente traerá justicia a los impíos y gracia a Su pueblo.

❯ ENTIENDE EL CONTEXTO

USA LAS SIGUIENTES PÁGINAS COMO PREPARACIÓN PARA EL TIEMPO EN EL GRUPO.

A todo el mundo le gusta que haya un buen desenlace en la trama. Una buena historia tiene a la audiencia en el borde de sus asientos y luego la sorprende con un final inesperado. De la pobreza a la riqueza, los amantes desventurados, el héroe tímido, no hay nada como una historia con un final inesperado. Quizás ninguna historia esté tan llena de ironía y suspenso como el libro de Ester que es una historia que solo el brillante Autor de la vida podría haber escrito.

A medida que se desarrolla la historia de Ester, la trama se complica y la escena ahora cambia del salón del banquete real a la alcoba del rey. El primer banquete preparado por Ester había concluido, pero la tensión en la historia permanece porque su gran preocupación aún no había sido abordada; su gente todavía estaba en peligro. Amán, el principal consejero del rey, todavía despreciaba a Mardoqueo y estaba planeando su ejecución en la mañana siguiente. La fecha ya estaba fijada para la masacre del pueblo judío.

Como la «suerte» o *Púr* lo tendrían (Est. 3:7), es decir, como el Dios invisible determinó las circunstancias y sus resultados, puede recordar que Mardoqueo había descubierto un complot contra la vida del rey. Afortunadamente, más bien providencialmente, el evento «fue escrito el caso en el libro de las crónicas del rey» (2:23). Como un buen narrador de historias, el escritor del libro de Ester no se olvidó de notar este detalle aparentemente insignificante al principio de la historia, precisamente porque no es nada insignificante en la historia del Dios invisible.

¿Qué detalles aparentemente insignificantes en tu propia historia resultaron ser un factor significativo en tu vida?

¿Cómo te ha dirigido la relación entre esas circunstancias y sus resultados a ver en ellas la mano de Dios?

> «INCLUSO CUANDO LAS COSAS PARECEN ESTAR YENDO MAL, SIMPLEMENTE PODRÍAN ESTAR YENDO BIEN PORQUE CUANDO ESTÁS EN LA VOLUNTAD DE DIOS, LOS ASPECTOS NEGATIVOS SON PARTE DE SU PLAN POSITIVO».
> *Dr. Tony Evans*

Encierra en un círculo la aparente ironía que revela la providencia de Dios.

Haz una lista de los cambios de suerte, el momento o las ocasiones de estar en el lugar adecuado en el momento preciso en la historia de Ester, que has visto hasta ahora.

6:1 Aquella misma noche se le fue el sueño al rey, y dijo que le trajesen el libro de las memorias y crónicas, y que las leyeran en su presencia. **2** Entonces hallaron escrito que Mardoqueo había denunciado el complot de Bigtán y de Teres, dos eunucos del rey, de la guardia de la puerta, que habían procurado poner mano en el rey Asuero. **3** Y dijo el rey: ¿Qué honra o qué distinción se hizo a Mardoqueo por esto? Y respondieron los servidores del rey, sus oficiales: Nada se ha hecho con él.. **6** Entró, pues, Amán, y el rey le dijo: ¿Qué se hará al hombre cuya honra desea el rey? Y dijo Amán en su corazón: ¿A quién deseará el rey honrar más que a mí? **7** Y respondió Amán al rey: Para el varón cuya honra desea el rey, **8** traigan el vestido real de que el rey se viste, y el caballo en que el rey cabalga, y la corona real que está puesta en su cabeza; **9** y den el vestido y el caballo en mano de alguno de los príncipes más nobles del rey, y vistan a aquel varón cuya honra desea el rey, y llévenlo en el caballo por la plaza de la ciudad, y pregonen delante de él: Así se hará al varón cuya honra desea el rey. **10** Entonces el rey dijo a Amán: Date prisa, toma el vestido y el caballo, como tú has dicho, y hazlo así con el judío Mardoqueo, que se sienta a la puerta real; no omitas nada de todo lo que has dicho. **11** Y Amán tomó el vestido y el caballo, y vistió a Mardoqueo, y lo condujo a caballo por la plaza de la ciudad, e hizo pregonar delante de él: Así se hará al varón cuya honra desea el rey.

7:1 Fue, pues, el rey con Amán al banquete de la reina Ester. **2** Y en el segundo día, mientras bebían vino, dijo el rey a Ester: ¿Cuál es tu petición, reina Ester, y te será concedida? ¿Cuál es tu demanda? Aunque sea la mitad del reino, te será otorgada. **3** Entonces la reina Ester respondió y dijo: Oh rey, si he hallado gracia en tus ojos, y si al rey place, séame dada mi vida por mi petición, y mi pueblo por mi demanda. **4** Porque hemos sido vendidos, yo y mi pueblo, para ser destruidos, para ser muertos y exterminados. Si para siervos y siervas fuéramos vendidos, me callaría; pero nuestra muerte sería para el rey un daño irreparable. **5** Respondió el rey Asuero, y dijo a la reina Ester: ¿Quién es, y dónde está, el que ha ensoberbecido su corazón para hacer esto? **6** Ester dijo: El enemigo y adversario es este malvado Amán. Entonces se turbó Amán delante del rey y de la reina. **10** Así colgaron a Amán en la horca que él había hecho preparar para Mardoqueo; y se apaciguó la ira del rey.

8:1 El mismo día, el rey Asuero dio a la reina Ester la casa de Amán enemigo de los judíos; y Mardoqueo vino delante del rey, porque Ester le declaró lo que él era respecto de ella. **2** Y se quitó el rey el anillo que recogió de Amán, y lo dio a Mardoqueo. Y Ester puso a Mardoqueo sobre la casa de Amán.

❯ EXPLORA EL TEXTO

LA NOCHE DE INSOMNIO DEL REY
(Ester 6:1-3)

En la noche del banquete inicial de Ester, el rey no pudo dormir. Ni el escritor terrenal ni el autor divino del libro de Ester consideraron adecuado incluir la razón. Es importante tener en cuenta el papel del Dios invisible como la causa del insomnio del rey. La Septuaginta (la traducción griega del Antiguo Testamento hebreo) enfatiza la actividad de Dios en el insomnio de Asuero. Traduce la primera mitad del versículo 1: «El Señor le quitó el sueño al rey esa noche». Los traductores de la Septuaginta bien podrían haber tenido en cuenta Daniel 2:1, que dice que el rey Nabucodonosor «no podía dormir» (LBLA) debido a los sueños que Dios le dio. Daniel informó al rey que el mismo «Dios en el cielo que revela los misterios» (2:28) había revelado los sueños del rey y su interpretación a Daniel «en una visión de noche» (2:19; también ver vv. 28-30). Estos textos comunican el papel del Dios omnipotente incluso en el sueño o el insomnio de estos reyes paganos.

Mientras estaba despierto, el rey Asuero decidió ocupar el tiempo familiarizándose con los eventos registrados en lo que podría llamarse la crónica real persa. De nuevo, por la providencia de Dios Asuero encontraría que «hallaron escrito que Mardoqueo había denunciado el complot de Bigtán y de Teres, dos eunucos del rey, de la guardia de la puerta, que habían procurado poner mano en el rey Asuero.» (Est. 6:2; ver 2:21-23). El rey convocó a sus asistentes personales para preguntarles qué se había hecho para recompensar a Mardoqueo por su leal acto. Y cuando descubrió que no se había hecho nada, el rey decidió remediar ese descuido.

¿Fue solo una coincidencia que el insomne Asuero hiciera este descubrimiento en el mismo momento en el que Amán hubiera entrado en la corte del rey para pedirle que ejecutara a Mardoqueo (6:4-5)? ¿Fue una coincidencia que la esposa y los amigos de Amán lo hubieran aconsejado solo unos momentos antes hacer ese pedido? ¿Fue solo una coincidencia que recompensar a Mardoqueo por el acto de integridad que había hecho hacía algún tiempo, se hubiera pasado por alto hasta un momento como este?

El escritor del libro de Ester expone que, aunque las circunstancias pueden parecer motivadas por la «suerte» y determinadas por un poder terrenal, solo el Dios soberano ordena a Su universo como considera conveniente:

... que anuncio lo por venir desde el principio,

y desde la antigüedad lo que aún no era hecho;

que digo: Mi consejo permanecerá,

y haré todo lo que quiero;». **Isaías 46:10**

¿Cómo puede la confianza en la soberanía de Dios gobernar nuestra ansiedad y acciones, sobre las circunstancias en nuestro escenario?

El IRÓNICO ELOGIO DEL REY (Ester 6:6-11)

La sabiduría de Salomón ya había comunicado a Israel el principio:

Antes del quebrantamiento es la soberbia,

Y antes de la caída la altivez de espíritu. **Proverbios 16:18**

Las maniobras políticas de Amán le habían puesto en una «silla sobre todos los príncipes que estaban con él» (Est. 3:1). Había adquirido «riquezas y [...] multitud de sus hijos» (5:11). La opinión de Amán sobre la situación era: «También la reina Ester a ninguno hizo venir con el rey al banquete que ella dispuso, sino a mí; y también para mañana estoy convidado por ella con el rey» (v. 12). En lugar de humillarse a sí mismo con gratitud por los muchos beneficios que le habían sido otorgados a él, Amán permitió que su orgullo y seguridad le empañaran su comprensión de la situación.

Cegado ante la visión de Dios de las circunstancias, cuando Amán fue llamado desde el patio del rey, en su ensimismamiento asumió que el interés del rey lo involucraba a él. Entonces, cuando el rey le preguntó a Amán: «¿Qué se hará al hombre cuya honra desea el rey?» (6:6) Amán sin querer, presentó los detalles de un homenaje muy generoso, que con arrogancia asumió, que sería para él (vv. 7-9). Irónicamente, y como la divina providencia lo diría, el rey otorgó el honor que Amán había descrito a uno mucho más digno de reconocimiento. Para el profundo disgusto de Amán, el rey le ordenó que confiriera el homenaje, hasta el último detalle, a la última persona a la que Amán hubiera deseado otorgar ese honor, el mismo enemigo que él estaba a punto de proponerle al rey que fuera ejecutado, Mardoqueo (vv.10-11).

Algo dicho por Jesús encuentra un claro cumplimiento en los personajes de la historia Amán y Mardoqueo: «el que se enaltece será humillado, y el que se humilla será enaltecido» (Mat. 23:12; también ver Dan. 4:37; Fil. 2:8-9; Sant.4:6).

LA SOSEGADA IRA DEL REY
(Ester 7:1-6,10)

El favor y la aprobación del rey hacia Ester no habían disminuido en absoluto en el segundo día de banquete. El rey volvió a preguntarle a Ester cuál era su petición, y Asuero le aseguró a Ester que su generosidad hacia su reina se extendía «incluso a la mitad del reino» (v. 2; también ver 5:3,6). Que el autor haya mencionado esta expresión tres veces no es casualidad. La repetición en la literatura hebrea y griega a menudo se usaba para destacar el énfasis. La repetición de una idea tres veces usualmente enfatizaba la naturaleza definitiva del asunto. Por ejemplo, en 1 Reyes 18:34, cuando Elías estaba desafiando a los falsos profetas de Baal, hizo que el holocausto y la leña en el altar del Señor se empaparan con agua tres veces, de modo que «el agua corría alrededor del altar, y también se había llenado de agua la zanja» (v. 35). Elías (y el escritor de 1 Reyes) deseaban asegurar a las personas que el altar estaba completamente saturado antes de que: «Entonces cayó fuego de Jehová, y consumió el holocausto, la leña, las piedras y el polvo, y aun lamió el agua que estaba en la zanja» (v. 38). De la misma manera, el escritor del libro de Ester tenía la intención de mostrar el compromiso total del rey en favorecer, aprobar y ser generoso con Ester.

DOCTRINA CLAVE
Dios

Hay un solo Dios vivo y verdadero. Él es el Creador, Redentor, Conservador y Gobernante del universo. Él es infinito en santidad, todo poderoso y todo lo sabe.

Esta disposición del rey hacia la humilde y templada Ester era marcadamente diferente de su ira y furia hacia la desafiante Vasti (Est. 1:12). Sin duda, las circunstancias entre las dos relaciones eran muy diferentes, pero el ordenamiento fatídico de las circunstancias es precisamente el punto del libro de Ester.

¿Qué papel juega nuestro comportamiento en la forma en que las personas interactúan con nosotros?

Una vez que se le aseguró el favor del rey, la reina Ester presentó con franqueza su dilema ante el rey, formulando sabia y humildemente su súplica para no acusar al rey por autorizar el atroz plan de Amán. Ester declaró que ella y su gente habían «sido vendidos, yo y mi pueblo, para ser destruidos, para ser muertos y exterminados» (7:4). El que vendió a Ester no fue el rey sino Amán. Ester demostró además una asombrosa humildad y templanza al comunicar que el problema no valdría la pena para sobrecargar al rey si el plan resultara simplemente en la esclavitud de su pueblo en lugar del genocidio (v. 4).

El rey estaba, a lo menos, enojado porque alguien había «ensoberbecido su corazón para hacer esto» (v. 5) contra el objeto de su afecto y todo su pueblo. Cuando «este malvado Amán» (v. 6) fue expuesto como el perpetrador del complot, el sorprendido rey se despidió de la mesa del banquete, tal vez para tratar de dar sentido a la acusación, convocar a los verdugos, o para ambas cosas. A su regreso al banquete, los ojos del rey contemplaron una escena aún más increíble: «Amán había caído

sobre el lecho en que estaba Ester» (v. 8). Según la providencia, el rey malinterpretó las acciones de Amán, suponiendo que Amán intentaba «violar a la reina en mi propia casa» (v. 8). Lo visto fue suficiente para que el rey resolviera el asunto y ahora estaba totalmente enfurecido. Los verdugos cubrieron la cabeza de aquel cuyo rostro se había convertido en una desgracia que necesitaba ser ocultada de la vista hasta que pudiera ser ejecutado.

Según la providencia, la horca que Amán había construido para la ejecución de Mardoqueo estaba preparada para él mismo. El rey ordenó: «Colgadlo» (v.9). Cuando Amán fue ahorcado, «se apaciguó la ira del rey» (v. 10).

LA JUSTICIA POÉTICA DEL REY
(Ester 8:1-2)

La verdad de Proverbios 16:18 suena ruidosamente tanto en el orgullo como en la catastrófica caída de Amán. Su maniobra política (Est. 3:1-2; 5:11b), su jactancia de «la gloria de sus riquezas» (5:11), y su concepto magnánimo de sí mismo (6:6-9), valen menos que nada, considerando la pérdida de su vida y alma (Mateo 16:26). Además, la espléndida providencia del Dios invisible movió el corazón del rey Asuero para otorgar a la reina Ester «la casa de Amán enemigo de los judíos» (Est. 8:1). Ester a su vez, reveló su relación con Mardoqueo, a quien el rey posteriormente le confió toda la autoridad conferida al anillo de sello del rey, que había recuperado de la mano de Amán. La reina Ester luego transfirió a Mardoqueo toda la gloriosa riqueza que había pertenecido a Amán (vv. 1-2).

El Dios invisible es el Rey en el último sentido. Él providencialmente ordena que las circunstancias «Mi propósito se cumplirá» (Isa. 46:10 NIV). En el relato de Ester y Mardoqueo, el Rey Soberano dictó la justicia divina contra el enemigo de Su pueblo del pacto por medio de la entidad del rey terrenal del Imperio Persa que dominaba al mundo. En este verdadero sentido, solo Dios es digno del título de Rey de reyes y Señor de señores (1 Tim. 6:15; Apoc. 17:14; 19:16).

PREPARACIÓN BÍBLICA
Examina la vida y la enseñanza de Jesús.

Jesús usó el contraste y la ironía para revelar verdades sorprendentes sobre el Reino de Dios.

Escribe un resumen breve de cada pasaje.

Mateo 23:12

Marcos 10:31

Lucas 6:20-38

Juan 13:1-20

>OBEDECE EL TEXTO

La fe obra. Lo que sabes y crees sobre Dios se convierte en una realidad que te cambia la vida cuando sales con fe y personalmente lo experimentas a Él.

Identifica las áreas de orgullo en tu vida. Confiésalas y arrepiéntete, pidiendo la misericordia de Dios.

¿Cómo te protegerás contra la arrogancia y las consecuencias eventuales de una vida egocéntrica?

¿Qué pasos tomarás esta semana para confiar en Dios y mantenerlo a Él en el centro de tu vida?

Identifica a los amigos que se dirigen a una caída y la forma en que puedes enfrentarlos con valentía, pero con respeto, antes de que sea demasiado tarde.

MEMORIZA

«Antes del quebrantamiento es la soberbia, Y antes de la caída la altivez de espíritu.».
Proverbios 16:18

Usa el espacio proporcionado para hacer observaciones y registrar los pedidos de oración durante la experiencia grupal de esta sesión.

MIS PENSAMIENTOS

Registra las perspectivas y las preguntas de la experiencia grupal.

_____

_____

_____

_____

_____

MI RESPUESTA

Anota la manera específica en que puedes poner en práctica la verdad explorada esta semana.

_____

_____

_____

_____

_____

_____

MIS ORACIONES

Enumera las necesidades específicas de oración y las respuestas para recordar esta semana.

_____

_____

_____

_____

_____

_____

DEJANDO UN LEGADO

Vale la pena celebrar las buenas nuevas de la salvación y pasarlas intencionalmente a cada nueva generación.

➤ ENTIENDE EL CONTEXTO

USA LAS SIGUIENTES PÁGINAS COMO PREPARACIÓN PARA EL
TIEMPO EN EL GRUPO.

No hay nada mejor en este mundo que saber que tu vida fue
entregada por completo a Dios para Sus propósitos y que otras
personas conocen el gozo de Su salvación.

Dos de los personajes más importantes de la historia ahora han
salido del escenario, por así decirlo. La destituida primera dama,
Vasti, ha sido reemplazada por «otra que sea mejor que ella» (Est.
1:19). El ascenso y la caída del malvado Amán (v. 7:6) terminó con
su ejecución en la horca que él había construido para ejecutar a
Mardoqueo. Ahora la historia gira hacia el *Púr* o el destino del pueblo
judío.

«En nombre del rey Asuero, los selló con el anillo real», Amán había
ordenado el lenguaje exacto del edicto «exterminar, matar y aniquilar
a todos los judíos, jóvenes y ancianos, mujeres y niños, y saquear sus
bienes en un solo día: el día trece del mes duodécimo, es decir, el mes
de adar» (3:12-13). Y «conforme a la ley de los medos y los persas, no
podrá ser revocado» (Dan. 6:8; también ver v. 12; Est. 1:19; 8:8). A
pesar de que el autor del plan ahora estaba muerto; y de que el favor
del rey ahora se extendía no solo a Ester sino también a su padre
adoptivo, Mardoqueo; y aunque él, en lugar de Amán, había sido
promovido a un rango que estaba por encima del resto del personal
real (8:2,8,10; 9:3-4; 10:3), ¿qué se podría hacer para salvar el pacto
de Dios bajo circunstancias aparentemente ineludibles? El epílogo
de la historia de Ester muestra una gran salvación.

> «UN LEGADO ES MUCHO MÁS QUE SIMPLEMENTE TRANSMITIR EL APELLIDO. UN LEGADO IMPLICA TRANSMITIR LA VISIÓN Y UNA PERSPECTIVA DEL REINO».
> —*Dr. Tony Evans*

¿Por qué crees que eres conocido en la actualidad y por qué?

¿Cómo quieres ser recordado?

➤ ESTER 8:3-5,8,11,15-17; 9:1,20-23; 10:3

8:3 Volvió luego Ester a hablar delante del rey, y se echó a sus pies, llorando y rogándole que hiciese nula la maldad de Amán agagueo y su designio que había tramado contra los judíos. **4** Entonces el rey extendió a Ester el cetro de oro, y Ester se levantó, y se puso en pie delante del rey, **5** y dijo: Si place al rey, y si he hallado gracia delante de él, y si le parece acertado al rey, y yo soy agradable a sus ojos, que se dé orden escrita para revocar las cartas que autorizan la trama de Amán hijo de Hamedata agagueo, que escribió para destruir a los judíos que están en todas las provincias del rey. **8** Escribid, pues, vosotros a los judíos como bien os pareciere, en nombre del rey, y selladlo con el anillo del rey; porque un edicto que se escribe en nombre del rey, y se sella con el anillo del rey, no puede ser revocado. **11** que el rey daba facultad a los judíos que estaban en todas las ciudades, para que se reuniesen y estuviesen a la defensa de su vida, prontos a destruir, y matar, y acabar con toda fuerza armada del pueblo o provincia que viniese contra ellos, y aun sus niños y mujeres, y apoderarse de sus bienes **15** Y salió Mardoqueo de delante del rey con vestido real de azul y blanco, y una gran corona de oro, y un manto de lino y púrpura. La ciudad de Susa entonces se alegró y regocijó; **16** y los judíos tuvieron luz y alegría, y gozo y honra. **17** Y en cada provincia y en cada ciudad donde llegó el mandamiento del rey, los judíos tuvieron alegría y gozo, banquete y día de placer. Y muchos de entre los pueblos de la tierra se hacían judíos, porque el temor de los judíos había caído sobre ellos.

9:1 En el mes duodécimo, que es el mes de Adar, a los trece días del mismo mes, cuando debía ser ejecutado el mandamiento del rey y su decreto, el mismo día en que los enemigos de los judíos esperaban enseñorearse de ellos, sucedió lo contrario; porque los judíos se enseñorearon de los que los aborrecían. **20** Y escribió Mardoqueo estas cosas, y envió cartas a todos los judíos que estaban en todas las provincias del rey Asuero, cercanos y distantes, **21** ordenándoles que celebrasen el día decimocuarto del mes de Adar, y el decimoquinto del mismo, cada año, **22** como días en que los judíos tuvieron paz de sus enemigos, y como el mes que de tristeza se les cambió en alegría, y de luto en día bueno; que los hiciesen días de banquete y de gozo, y para enviar porciones cada uno a su vecino, y dádivas a los pobres. **23** Y los judíos aceptaron hacer, según habían comenzado, lo que les escribió Mardoqueo.

10:3 Porque Mardoqueo el judío fue el segundo después del rey Asuero, y grande entre los judíos, y estimado por la multitud de sus hermanos, porque procuró el bienestar de su pueblo y habló paz para todo su linaje.

Para pensar

Subraya las palabras que expresan emociones, acciones, personas o situaciones negativas.

Encierra en un círculo las palabras que expresan emociones, acciones o situaciones positivas.

❯ EXPLORA EL TEXTO

DEFENSA PARA LAS PERSONAS DEL PACTO DE DIOS *(Ester 8:3-5,8,11)*

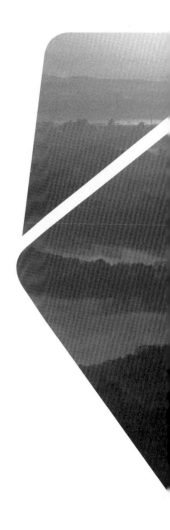

La reina Ester todavía sentía el peso de las palabras de su guardián Mardoqueo: «¡Quién sabe si no has llegado al trono precisamente para un momento como este!» (4:14) El rey había dado a conocer su favor y aprobación a Ester en varias ocasiones, pero como ley irrevocable de los medos y los persas, la ley para destruir a los judíos se mantuvo vigente. Ester aún debía actuar fielmente.

El carácter consistentemente humilde, templado y serio de Ester se revela nuevamente cuando suplicó a su esposo, el rey Asuero, poner «fin al malvado plan que Amán el agagueo» (8:3; también ver v. 5). Aunque Ester confiaba en que podía depender del favor y la aprobación de su esposo y Asuero fue firme en extender el cetro de oro hacia su esposa (v. 4), ambos estaban conscientes de que el edicto establecido y publicado era irrevocable.

Las palabras del profeta Jeremías pueden haber estado susurrando en las mentes de Ester y Mardoqueo, así como de cualquier otro judío en el imperio que estaba siguiendo «las huellas de nuestro padre Abraham» (Rom. 4:12). El Dios invisible había anunciado por medio de Jeremías un par de generaciones antes: «Yo soy el Señor, Dios de toda la humanidad. ¿Hay algo imposible para mí?» (Jer. 32:27).

¿Qué has experimentado que parecía imposible y que solo podía explicarse como la obra de Dios?

Reconociendo que el edicto para destruir a los judíos no podía ser revocado, Asuero autorizó a Mardoqueo y a Ester para que: «Redacten ahora, en mi nombre, otro decreto en favor de los judíos, como mejor les parezca, y séllenlo con mi anillo real» (Est. 8:8). Esta ley tampoco podía ser revocada. ¿Cuál sería, entonces, esta nueva ley?

El nuevo edicto concedería al pueblo del pacto: «facultaba a los judíos de cada ciudad a reunirse y defenderse, a exterminar, matar y aniquilar a cualquier

fuerza armada de cualquier pueblo o provincia que los atacara a ellos o a sus mujeres y niños, y a apoderarse de los bienes de sus enemigos» (v. 11). Así como Amán había ordenado la redacción exacta del edicto original, «escritura de cada provincia y en el idioma de cada pueblo todo lo que Amán ordenaba a los sátrapas del rey, a los intendentes de las diversas provincias y a los funcionarios de los diversos pueblos» en todo el Imperio Persa (3:12), así con este nuevo edicto «Se escribió todo lo que Mardoqueo ordenó a los judíos» y se distribuyó a cada una de las 127 provincias de Persia, «en la escritura de cada provincia y en el idioma de cada pueblo, y también en la escritura e idioma propios de los judíos» (8:9). El lenguaje paralelo de los dos edictos según lo registrado por el escritor del libro de Ester, obviamente no es más una coincidencia que cualquiera de los otros eventos registrados en este tapiz de la providencia del Dios invisible.

BUENAS NOTICIAS PARA LA GENTE DE PACTO DE DIOS *(Ester 8:15-17)*

El pecado del orgullo fue la fuente que dio origen al primer edicto: una ley de muerte. Cuando llegó el mandamiento, «en la ciudad de Susa reinaba la confusión» y «había gran duelo entre los judíos, con ayuno, llanto y lamentos. Muchos de ellos, vestidos de luto, se tendían sobre la ceniza» (3:15; 4:3). El edicto ineludible de condenación descansaba sobre la cabeza de cada uno de los pueblos del pacto de Dios. Cuando el enemigo del pueblo de Dios fue ejecutado y se dieron las buenas noticias de una defensa contra la sentencia de muerte de la ley:

> *Y salió Mardoqueo de delante del rey con vestido real de azul y blanco, y una gran corona de oro, y un manto de lino y púrpura. La ciudad de Susa entonces se alegró y regocijó; y los judíos tuvieron luz y alegría, y gozo y honra. Y en cada provincia y en cada ciudad donde llegó el*

mandamiento del rey, los judíos tuvieron alegría y gozo, banquete y día de placer. Y muchos de entre los pueblos de la tierra se hacían judíos, porque el temor de los judíos había caído sobre ellos. **Ester 8:15-17**

Nuevamente, el lenguaje paralelo no es una coincidencia. El edicto del rey con noticias de la preservación de la vida llegaría tan lejos como su edicto con la antigua maldición de la muerte.

¿Cómo explicarías las malas noticias y las buenas noticias de nuestra salvación por medio de la obra de Jesús?

La ironía de la providencia de Dios es igualmente sorprendente. El rey Asuero hizo caso al consejo de Amán en un intento de preservar la estabilidad de su propio imperio para la posteridad de su pueblo. El malvado plan de Amán intentó preservar su propia vida y fama. Ambas empresas fueron propuestas a expensas del pueblo de Dios. Sin embargo, como la providencia diría, el pueblo de Dios no solo fue preservado sino también exaltado, mientras que los «reinos» de Asuero y Amán finalmente llegaron a su fin.

Tan esperanzadoras fueron las noticias para los judíos, pero tan alarmantes para otros pueblos en la tierra que muchos de ellos «se hacían judíos» (8:17) con la esperanza de evitar el juicio inminente. Lo que estaba destinado al mal como el destino de todos los judíos (4:13) había sido convertido en bueno por su Dios y Salvador (Gén. 50:20).

¿En qué «reinos» temporales estás tentado a poner tu esperanza?

¿Cómo vas a encontrar tu esperanza en el Reino de Dios?

UN DÍA DE CELEBRACIÓN PARA LAS PERSONAS DEL PACTO DE DIOS *(Ester 9:1,20-23; 10:3)*

Los eventos que detallan la ascensión de Ester como la reina del Imperio persa, así como todas las obras de previsión de Dios para rescatar a Su pueblo, ocurrieron como un ejemplo y fueron registrados para la instrucción de todos aquellos que, como Ester, seguirían el ejemplo de fe de Abraham en el Dios invisible (Ro. 4:12). El libro de Ester nos alienta a confiar en que Dios sigue siendo el Señor de todos, incluso cuando las circunstancias nos tienten a dudar de eso. Con seguridad, ninguna casualidad puede explicar la desaparición de Amán, seguida de la de sus 10 hijos el mismo día que se había determinado por el lanzamiento de *Púr* de Amán (Est. 3:7; 9:10,14), incluso el mismo día «debía ser ejecutado el mandamiento del rey» (9:1)

El libro de Ester también fue escrito para llamar a todos los judíos a celebrar el festival de *Purim*. Mardoqueo, segundo al mando del rey Asuero de Persia, inició esta tradición cuando ordenó a los judíos de todo el imperio «que celebrasen el día decimocuarto del mes de Adar, y el decimoquinto del mismo, cada año» (v. 21) para conmemorar el destino sorprendente de todos los judíos en los que su«tristeza se les cambió en alegría, y de luto en día bueno» (v. 22; también ver Sal. 30:11). La fiesta fue instituida «estos días de *Purim* no dejarían de ser guardados por los judíos, y que su descendencia jamás dejaría de recordarlos» (Est. 9:28; también ver v. 29-32). La mención del escritor de la fecha fijada para el destino de los judíos (no menos de nueve veces: 3:7,13; 8:12; 9:1,15,17,18-21) da fe de este propósito, que evidentemente ha dado fruto, porque hoy los judíos, en todo el mundo, celebran el *Purim*.

Al igual que la fiesta de *Pésaj*, todas las fiestas del pueblo del pacto de Dios del Antiguo Testamento, se cumplen en Jesús, el Hijo de Dios (2 Cor. 1:20). La conmemoración de *Purim*, entonces puede ser celebrada por todos los «que son de la fe de Abraham» (Rom 4:16), «no con la vieja levadura, ni con la levadura de malicia y de maldad, sino con panes sin levadura, de sinceridad y de verdad» (1 Cor.5:8). Todos los que «sois de Cristo, ciertamente linaje de Abraham sois, y herederos según la promesa» (Gálatas 3:29), es decir, los cristianos, celebran el *Purim* con una visión más amplia de la liberación de Dios de Su pueblo, de la maldición de muerte a la bendición de la vida por Jesucristo. Esta salvación es el grandioso rescate del destino a la muerte por parte del Dios invisible, que providencialmente «hace todas las cosas según el designio de su voluntad» (Ef. 1:11).

CONSTANTE BIEN PARA LAS PERSONAS DEL PACTO DE DIOS (Ester 10:3)

El libro de Ester disipa la ilusión de la autosuficiencia. Es decir, ni el ingenio ni la belleza ni la autoridad política de Ester o Mardoqueo podrían haber proporcionado la salvación para sus propias vidas o las vidas de su gente. El Dios que ordenó «tu salida y tu entrada» (Isa. 37:28) e incluso los pasos del rey era el único que podía preservar su seguridad frente a cualquier enemigo que los amenazara.

Una niña campesina llamada Hadasa, Ester, se convirtió en la reina del mundo. «Mardoqueo el judío fue el segundo después del rey Asuero» (Est. 10:3), que era el gobernante de casi la mitad de la población mundial en aquellos días. En un imperio gentil, Mardoqueo el judío «procuró el bienestar de su pueblo y habló paz para todo su linaje» (v. 3). Solo el Dios invisible, que providencialmente «humilla, y a aquél enaltece» (Sal. 75:7) y valora a Su pueblo como «la niña de su ojo» (Zac. 2:8), puede garantizar este tipo de seguridad y bendición para cualquier persona con fe, lo que les permite aparecer como luces «en medio de una generación maligna y perversa» (Fil. 2:15). Su esperanza de la salvación de la muerte se encuentra solo en Dios.

PREPARACIÓN BÍBLICA
Compara los ejemplos del Antiguo y el Nuevo Testamento.

¿Qué revelan las siguientes descripciones sobre la importancia del duelo y la celebración por medio de comidas conmemorativas?

Éxodo 12:14-28

Lucas 22:14-20

¿Cómo cada una de estas imágenes de la salvación apuntan a Jesús?

❯ OBEDECE EL TEXTO

El pueblo de Dios comparte el gozo de la salvación por medio de la intercesión de Cristo a nuestro favor. No hicimos nada para ganar o merecerlo. Es por Su gracia por medio de la fe que hemos sido salvados.

Escribe tu historia: la historia de cómo Dios te salvó por medio de Jesús y en qué ha cambiado tu vida ahora y para siempre como resultado.

Identifica las personas específicas en tu vida que pueden no haber experimentado la salvación de Jesús que cambia la vida y el destino. Comprométete a compartir tu historia con ellas.

MEMORIZA

«Haré perpetua la memoria de tu nombre en todas las generaciones, Por lo cual te alabarán los pueblos eternamente y para siempre». Salmos 45:17

Usa el espacio proporcionado para hacer observaciones y registrar los pedidos de oración durante la experiencia grupal de esta sesión.

MIS PENSAMIENTOS

Registra las perspectivas y las preguntas de la experiencia grupal.

_____
_____
_____
_____
_____
_____

MI RESPUESTA

Anota la manera específica en que puedes poner en práctica la verdad explorada esta semana.

_____
_____
_____
_____
_____
_____

MIS ORACIONES

Enumera las necesidades específicas de oración y las respuestas para recordar esta semana.

_____
_____
_____
_____
_____
_____

❯ PARA COMENZAR

OPCIONES PARA EMPEZAR: Elige una de las siguientes opciones para iniciar el debate grupal.

CITA SEMANAL PARA EL INICIO DEL DEBATE: «El verdadero adorno de una mujer piadosa no puede comprarse en una tienda por departamentos ni adquirirse en un salón de belleza», Dr. Tony Evans.

> ❯ ¿Cuál es tu reacción inicial a la cita de esta semana?

> ❯ ¿Cómo varían los estándares de belleza física entre las culturas o a lo largo de la historia?

> ❯ ¿Qué cualidades (físicas y de personalidad) se valoran hoy día como atractivas en los hombres y las mujeres?

La historia de Ester comienza en un contexto donde la belleza física era muy valorada pero veremos cómo, en última instancia, el carácter interno moldeó la vida de las personas e influyó en su comunidad.

ACTIVIDAD CREATIVA: Cuando el grupo se reúna, comienza con un juego simple. Tú dirás la primera palabra de la lista de más abajo, junto con la definición correcta provista y dos definiciones que inventes. Los miembros del grupo llegarán a un consenso antes de adivinar cuál es la definición correcta. (Consejo: cuanto más extrañas pero creíbles sean las opciones, más atractivo será el juego). Luego, sigue el mismo proceso con las otras dos palabras.

Philtrum: el surco entre el labio superior y la nariz
Fulcrum: el punto en el que pivota una palanca
Férula: la banda de metal que une el lápiz y el borrador

Usa las siguientes preguntas para abrir la discusión:

> ❯ ¿Cómo decidiste cuál era la respuesta?

> ❯ Hoy presentaremos un tema principal y un elemento común en el libro de Ester: autoridad y consejos. ¿A quién le pides consejo? ¿Por qué? ¿A qué miras como una autoridad? ¿Por qué?

❯ ENTIENDE EL CONTEXTO

PROPORCIONA EL CONTEXTO: Introduce brevemente a los miembros al libro de Ester señalando los temas principales y cualquier idea que les ayude a comprender Ester 1:10–2:20. Luego, para ayudar a las personas a conectar el contexto actual con el original, haz las siguientes preguntas:

> ❯ Veremos contrastes irónicos en todo el libro de Ester. Un tema importante destacado por medio de la ironía es el de la autoridad; las personas quiere poder, pero en última instancia, Dios es soberano y tiene el control. Históricamente, ¿cómo ganan y mantienen el poder los hombres o las mujeres?

> ❯ ¿Por qué es importante tener en cuenta que todos los eventos, en última instancia, están bajo de la autoridad de Dios?

> EXPLORA EL TEXTO

LEE LA BIBLIA: Pídele a un voluntario que lea en voz alta Ester 1:10-12,15; 2:2,4-11,17,20.

PARA DEBATIR: Usa las siguientes preguntas para hablar de las reacciones iniciales de los miembros del grupo al texto.

> ¿Cuál era el problema subyacente en el conflicto que abre el libro de Ester?

> ¿Qué revelan estos versículos sobre el rey y la cultura?

> Según los detalles proporcionados, ¿qué sabes sobre Mardoqueo? ¿Cómo contrastaría el carácter de Mardoqueo con el del rey?

> ¿Por qué es significativo que se describa a Ester como siempre siguiendo las instrucciones de Mardoqueo? ¿Cómo este detalle enfatiza un contraste importante entre Ester y Vasti, quienes de otro modo son descritas como extremadamente hermosas físicamente?

> Aparentemente, ¿qué factores desafortunados o no espirituales estaba usando Dios para poner a las personas en posiciones de influencia por razones aún desconocidas para los involucrados? ¿Qué revela la actividad de Dios en estas áreas acerca de Su relación con nuestra vida diaria, incluso con los detalles mundanos?

NOTA: Proporciona bastante tiempo para que los miembros del grupo hagan preguntas y den sus respuestas sobre el texto. No te sientas presionado a priorizar el programa por encima de las experiencias personales de los miembros del grupo. Si el tiempo lo permite, hablen de las respuestas a las preguntas en la lectura personal.

> OBEDECE EL TEXTO

RESPONDE: Fomenta un ambiente de sinceridad y acción. Ayuda a cada uno a aplicar la verdad bíblica a áreas específicas como, sus pensamientos, actitud o conducta personal.

> Las personas que responden a consejos o solicitudes, impulsan la acción en la historia de Ester. ¿A dónde recurres para pedir consejo sobre las decisiones importantes?

> ¿Cuándo los malos consejos o una reacción orgullosa han afectado tu vida? ¿Cómo han afectado tus palabras o acciones a otros?

> ¿Cuándo ha usado Dios la humildad y las circunstancias aparentemente afortunadas para ponerte en una posición de influencia o en una relación significativa?

ORA: Termina pidiéndole a Dios que te dé humildad y sabiduría en medio de tus circunstancias, confiando en que Él está obrando para un gran propósito. Pídele a Su Espíritu que abra tu corazón y mente a lo que Dios quiere decirte durante este estudio del libro de Ester.

❯ PARA COMENZAR

OPCIONES PARA EMPEZAR: Elige una de las siguientes opciones para iniciar el debate grupal.

CITA SEMANAL PARA EL INICIO DEL DEBATE: «Cuando sales todos los días por la puerta, ¿se dan cuenta el cielo, la tierra y el infierno?» Dr. Tony Evans.

> ❯ ¿Cuál es tu reacción inicial a la cita de esta semana?

> ❯ Hoy veremos cómo mantener la integridad ante el conflicto. ¿Cómo hacer lo correcto puede beneficiarte? ¿Cómo puede convertirte en un blanco o parecer que te hace la vida más difícil?

ACTIVIDAD CREATIVA: Antes de que llegue el grupo, selecciona al menos cuatro cosas (cualquier cosa) y pide al grupo que diga la primera idea que le venga a la mente como opuesto. Si deseas, no solamente puedes usar palabras, sino también puedes presentar imágenes impresas o digitales u objetos físicos, dependiendo de tu grupo. (Consejo: elige objetos que tengan opuestos simpáticos). Después del juego, usa las siguientes preguntas para iniciar la discusión grupal.

> ❯ ¿Cuán útiles son los opuestos para describir y comprender las cosas?

> ❯ El libro de Ester constantemente contrasta los personajes y las circunstancias para enfatizar asuntos importantes. ¿Cuál sería el opuesto de tu pasatiempo favorito? ¿Tu trabajo? ¿Tu personalidad?

❯ ENTIENDE EL CONTEXTO

PROPORCIONA EL CONTEXTO: Presenta brevemente cualquier información o idea a los miembros del grupo que les ayude a comprender Ester 2:21–3:15. Luego, para personalmente ayudarles a conectar el contexto de hoy con el contexto original, haz las siguientes preguntas.

> ❯ ¿Cómo podría la emancipación de los antiguos esclavos ser estratégica para alentar la conformidad, la sumisión y la unidad en el seno de un reino?

> ❯ Mardoqueo le había ordenado a Ester que no ofreciera información sobre su origen étnico. ¿Por qué es significativo que el pueblo judío fuera un grupo minoritario en medio una cultura diferente a la de ellos?

> ❯ ¿Cuándo has sentido que puede ser de tu interés mantener en secreto algo sobre tus creencias, pasado o familia?

❯ EXPLORA EL TEXTO

LEE LA BIBLIA: Pídele a un voluntario que lea en voz alta Ester 2:21-3:11,15.

PARA DEBATIR: Usa las siguientes preguntas para hablar de las reacciones iniciales de los miembros del grupo al texto.

> ❯ ¿Cómo describirías a Mardoqueo? ¿Cómo se suman los eventos descritos en estos versículos a tu comprensión de su carácter?

> ❯ ¿Cómo describirías a Amán? ¿Cómo contrasta él con Mardoqueo?

> ❯ Explica con tus palabras, los dos conflictos presentados en estos versículos y los dos resultados.

> ❯ ¿Cómo se extendió la ira de Amán más allá de la ofensa de Mardoqueo?

> ❯ ¿Qué ejemplo y semejanza con Cristo se presentan en estos versículos?

> ❯ ¿Qué ejemplos de la providencia de Dios están presentes en estos versículos?

NOTA: Proporciona bastante tiempo para que los miembros del grupo hagan preguntas y den sus respuestas sobre el texto. No te sientas presionado a priorizar el programa por encima de las experiencias personales de los miembros del grupo. Si el tiempo lo permite, hablen de las respuestas a las preguntas en la lectura personal.

❯ OBEDECE EL TEXTO

RESPONDE: Fomenta un ambiente de sinceridad y acción. Ayuda a cada uno a aplicar la verdad bíblica a áreas específicas como, sus pensamientos, actitud o conducta personal.

> ❯ ¿Has tenido dificultades o atraído la atención negativa porque te mantienes firme en tus convicciones?

> ❯ ¿Te ha hecho consciente de algo que necesitabas dar a conocer a alguien más?

> ❯ ¿Dónde necesitas ponerte firme, confiando y honrando a Dios, incluso si crea problemas?

> ❯ ¿De qué manera necesitas confesar ser como Amán, proyectando tus sentimientos negativos?

> ❯ ¿Cómo te arrepentirás de esos sentimientos o acciones?

ORA: Termina orando para recibir la convicción de pecado y la confianza de vivir con integridad frente a la adversidad y el conflicto. Pide paciencia y humildad para buscar la aprobación de Dios, incluso si una recompensa terrenal no parece evidente.

❯ PARA COMENZAR

OPCIONES PARA EMPEZAR: Elige una de las siguientes opciones para iniciar el debate grupal.

CITA SEMANAL PARA EL INICIO DEL DEBATE: «Expresa palabras de pesar; el sufrimiento que no se expresa, tensa el corazón y lo incita para que se rompa» William Shakespeare.

> ❯ ¿Cuál es tu reacción inicial a la cita de esta semana?

> ❯ Con buenas intenciones, las personas a veces apuran a otras a sentirse mejor cuando ellas realmente necesitan un proceso saludable de duelo para sentir y expresar su tristeza. ¿Cuándo has experimentado un proceso saludable de duelo en el que honesta y profundamente expresaste tu tristeza? ¿Qué te dio el consuelo?

ACTIVIDAD CREATIVA: Antes de que llegue el grupo, selecciona una noticia negativa que haya dominado los titulares. Pregunta a los miembros del grupo si están familiarizados con la historia. Luego usa las siguientes preguntas para iniciar la discusión grupal.

> ❯ ¿Qué otras noticias importantes se han relacionado con la tragedia o el miedo?

> ❯ ¿Por qué las malas noticias se propagan tan rápido?

> ❯ ¿Cuáles son las peores noticias que has tenido que compartir o escuchar?

> ❯ Hoy vamos a ver la forma en que Mardoqueo y Ester respondieron a las malas noticias.

❯ ENTIENDE EL CONTEXTO

PROPORCIONA EL CONTEXTO: Presenta brevemente a los miembros del grupo, cualquier información o idea que les ayude a comprender Ester 4:1-17. Luego, para ayudarlos personalmente a conectar el contexto de hoy con el contexto original, haz las siguientes preguntas.

> ❯ ¿Por qué el rey podría desear distanciarse de las emociones de sus súbditos, especialmente la tristeza?

> ❯ ¿Cuál es la actitud en nuestra sociedad con respecto a expresar las emociones fuertes, especialmente la tristeza? Las personas generalmente, ¿se sienten cómodas o incómodas ante la expresión de los sentimientos?

❯ EXPLORA EL TEXTO

LEE LA BIBLIA: Pídele a un voluntario que lea en voz alta Ester 4:1-4,8-17.

PARA DEBATIR: Usa las siguientes preguntas para hablar de las reacciones iniciales de los miembros del grupo al texto.

> ❯ Incluso en su dolor y desesperación, ¿cómo mostró Mardoqueo su integridad?

> ❯ ¿Cómo resumirías la interacción entre Mardoqueo y Ester?

> ❯ ¿Cómo el comportamiento del rey hacia la reina anterior legitimó la preocupación de Ester?

> ❯ ¿Qué advertencia aleccionadora ofreció Mardoqueo en el versículo 13? ¿Cómo se relaciona esta advertencia, como un principio general, para todo el pueblo de Dios con respecto al sufrimiento?

> ❯ ¿Qué evidencia de fe en la soberanía y bondad de Dios, se presenta en el versículo 14?

> ❯ ¿Cómo la respuesta de Ester en el versículo 16 revela su fe y relación con Dios?

> ❯ ¿Cómo revelan estos versículos la importancia del pueblo de Dios como una comunidad?

> ❯ ¿Qué revela esta conversación sobre la fuente de esperanza para la salvación y la liberación?

NOTA: Proporciona bastante tiempo para que los miembros del grupo hagan preguntas y den sus respuestas sobre el texto. No te sientas presionado a priorizar el programa por encima de las experiencias personales de los miembros del grupo. Si el tiempo lo permite, hablen de las respuestas a las preguntas en la lectura personal.

❯ OBEDECE EL TEXTO

RESPONDE: Fomenta un ambiente de sinceridad y acción. Ayuda a cada uno a aplicar la verdad bíblica a áreas específicas como, sus pensamientos, actitud o conducta personal.

> ❯ ¿Cuándo fue la última vez que sentiste una gran carga por otra persona en tu comunidad?

> ❯ ¿Por qué sentías esa carga, o por qué aún la sientes?

> ❯ ¿Cómo responderás?

> ❯ ¿Cómo podemos orar y ayunar contigo por esa necesidad?

> ❯ ¿Cómo puedes alentar a otros a tomar medidas, dentro de sus esferas de influencia, esta semana?

ORA: Termina con un tiempo de oración el uno por el otro. Comparte tus cargas con confianza. Expresa cualquier pena. Considera un momento de ayuno esta semana para concentrarte en orar por valentía para responder a las situaciones desesperadas o en nombre de aquellos que lo necesitan.

❯ PARA COMENZAR

OPCIONES PARA EMPEZAR: Elige una de las siguientes opciones para iniciar el debate grupal.

CITA SEMANAL PARA EL INICIO DEL DEBATE: «Detrás de cada llamado específico, ya sea para enseñar, predicar, escribir, alentar o consolar, hay una llamada más profunda que da forma a la primera: el llamado a entregarnos, el llamado a morir», Michael Card.

> ❯ ¿Cuál es tu reacción inicial a la cita de esta semana?

> ❯ ¿Qué significa de un modo práctico, «llamados a entregarnos»? ¿Cuál es el llamado a morir como cristianos?

ACTIVIDAD CREATIVA: Antes de que llegue el grupo, identifica a varios superhéroes. Cuando el grupo se reúna, presenta imágenes impresas o electrónicas, objetos físicos o nombres de superhéroes para realizar este juego «¿Quién preferirías ser?» Usando distintos pares de superhéroes, pregunta: «¿Quién preferirías ser... o? ¿Por qué?» Después de algunas rondas, usa las siguientes preguntas para abrir la discusión grupal.

> ❯ ¿Por qué mucha gente ama las historias de los héroes?

> ❯ ¿Quién fue tu héroe en la infancia? ¿Quién es tu héroe actual?

> ❯ En esta sesión, contrastaremos las acciones verdaderamente heroicas y las diabólicas.

❯ ENTIENDE EL CONTEXTO

PROPORCIONA EL CONTEXTO: Presenta brevemente a los miembros del grupo cualquier información o idea que les ayude a comprender Ester 5:1-14. Luego, para ayudarlos personalmente a conectar el contexto de hoy con el contexto original, haz las siguientes preguntas:

> ❯ ¿Cómo necesitaba el pueblo de Dios un salvador literal para interceder por ellos?

> ❯ ¿Cómo podría haberse sentido Ester, sabiendo que la cultura no le permitía acercarse voluntariamente al rey?

> ❯ ¿Sientes que la identidad de Ester como judía hizo que acercarse al rey fuera más fácil o más difícil?

> ❯ ¿Cuáles son los ejemplos modernos de personas que literalmente ponen en riesgo sus vidas por el bienestar de los demás?

❯ EXPLORA EL TEXTO

LEE LA BIBLIA: Pídele a un voluntario que lea en voz alta Ester 5:1-10,14.

PARA DEBATIR: Usa las siguientes preguntas para hablar de las reacciones iniciales de los miembros del grupo al texto.

> Recordando que Ester les había pedido oración y ayuno a Mardoqueo y a sus doncellas durante tres días, ¿qué revela el versículo 1 sobre sus acciones? ¿Cómo podría este simple detalle señalar su fe en el poder de Dios?

> ¿Qué respuesta a esas oraciones comenzó a aliviar inmediatamente la tensión en el versículo 2?

> Sabiendo la necesidad urgente de motivar a Ester para acercarse al rey, ¿cómo muestra su pedido no solo paciencia sino también mucha fe y sabiduría? ¿Por qué es sorprendente?

> ¿Cómo muestran los cambios de humor de Amán la fuente de su seguridad y valor personal?

> ¿Cómo contrastarías los motivos y la conversación de Ester con Zeres, la esposa de Amán?

NOTA: Proporciona bastante tiempo para que los miembros del grupo hagan preguntas y den sus respuestas sobre el texto. No te sientas presionado a priorizar el programa por encima de las experiencias personales de los miembros del grupo. Si el tiempo lo permite, hablen de las respuestas a las preguntas en la lectura personal.

❯ OBEDECE EL TEXTO

RESPONDE: Fomenta un ambiente de sinceridad y acción. Ayuda a cada uno a aplicar la verdad bíblica a áreas específicas como, sus pensamientos, actitud o conducta personal.

> Honestamente, ¿son los planes que haces para beneficiar a otros, asumiendo tu propio riesgo, como el plan de Ester y Mardoqueo? ¿O son tus planes para tu propio beneficio, incluso a expensas de otros, como el plan de Amán?

> ¿Quién en tu comunidad (o dentro de tu esfera de influencia) necesita un defensor para que hable y tome medidas en su nombre, alguien que a menos que se interceda por él quede indefenso?

> ¿Cómo puedes usar tu posición, relaciones e influencia para la obra de Dios para salvar a otros?

> ¿Qué harás esta semana para humillarte y confiar en Dios?

ORA: Termina pidiéndole a alguien que dirija al grupo en oración. Anima a ese miembro a orar por todos para esta semana buscar formas de unirse a la obra de Dios.

› PARA COMENZAR

OPCIONES PARA EMPEZAR: Elige una de las siguientes opciones para iniciar el debate grupal.

CITA SEMANAL PARA EL INICIO DEL DEBATE: «Incluso cuando las cosas parecen estar yendo mal, simplemente podrían estar yendo bien, porque cuando estás haciendo la voluntad de Dios, los aspectos negativos son parte de Su programa positivo», Dr. Tony Evans.

› ¿Cuál es tu reacción inicial a la cita de esta semana?

› ¿Cuáles son algunos ejemplos en la Biblia de la obra de Dios obrando para bien mediante una situación que se veía mal? ¿En la historia? ¿En tu vida?

ACTIVIDAD CREATIVA: Antes de que llegue el grupo, selecciona un objeto para dejarlo en el piso como ilustración. (Consejo: un objeto que haga un ruido fuerte al caer será más dramático). Cuando el grupo se reúna, comienza por pararte y dejar caer el objeto para que todos lo vean. Puedes pedirles a todos que participen. Luego usa las siguientes preguntas para abrir la discusión grupal.

› ¿Qué pasará siempre cuando sostengamos este objeto y lo dejemos caer? ¿Por qué?

› ¿Cómo sabes que la gravedad es real si no puedes verla?

› En esta sesión comenzaremos a ver más claramente los efectos de la mano invisible de Dios en Su obra.

› ENTIENDE EL CONTEXTO

PROPORCIONA EL CONTEXTO: Presenta a los miembros del grupo brevemente cualquier información o idea que les ayude a entender Ester 6:1–8:2. Luego para ayudarlos personalmente a conectar el contexto de hoy con el contexto original, haz las siguientes preguntas.

› Ester es el único libro de la Biblia en el que el nombre de Dios nunca aparece; sin embargo, Dios fue soberano sobre las circunstancias aparentemente afortunadas, irónicas y coincidentes a lo largo de la historia. ¿En qué circunstancias Dios es aparentemente invisible en el mundo de hoy, pero confías en que Él está obrando detrás de la escena sin ser reconocido?

› ¿En qué áreas de la vida te sientes ansioso o tenso preguntándote cómo posiblemente Dios resolverá las cosas para siempre?

❯ EXPLORA EL TEXTO

LEE LA BIBLIA: Pídele a un voluntario que lea en voz alta Ester 6:1-3,6-11; 7:1-6,10; 8:1-2.

PARA DEBATIR: Usa las siguientes preguntas para hablar de las reacciones iniciales de los miembros del grupo al texto.

> ❯ ¿Qué evidencia ves de la capacidad de Dios para obrar, específicamente, en la vida de las personas que no lo conocen o no lo reconocen como rey?

> ❯ ¿Cómo fue que la recompensa, no recibida por las acciones anteriores de Mardoqueo, fue recibida en el momento perfecto, no solo para el bien de él sino para toda la comunidad?

> ❯ ¿De qué otra manera es evidente la soberanía de Dios en esta historia? ¿Su justicia? ¿Su salvación?

> ❯ ¿Qué grandes reversiones tuvieron lugar en la vida de Mardoqueo y Amán?

> ❯ ¿Cómo contrastan los planes de las personas con la providencia de Dios?

> ❯ ¿Cómo continuó Ester buscando el bienestar de los demás en lugar de procurar su beneficio personal?

NOTA: Proporciona bastante tiempo para que los miembros del grupo hagan preguntas y den sus respuestas sobre el texto. No te sientas presionado a priorizar el programa por encima de las experiencias personales de los miembros del grupo. Si el tiempo lo permite, hablen de las respuestas a las preguntas en la lectura personal.

❯ OBEDECE EL TEXTO

RESPONDE: Fomenta un ambiente de sinceridad y acción. Ayuda a cada uno a aplicar la verdad bíblica a áreas específicas como, sus pensamientos, actitud o conducta personal.

> ❯ ¿Cómo la mano invisible de Dios, que estaba obrando en la historia de Ester, te anima hoy en tu vida?

> ❯ ¿Has retrasado la obediencia o los pasos de fe, porque no sabías cómo funcionarían las cosas?

> ❯ ¿Qué harás esta semana para confiar en el tiempo perfecto de Dios, tanto Su justicia como Su bendición?

ORA: Termina agradeciendo a Dios por Su poder, Su tiempo, Su justicia y Sus bendiciones, lo más importante, nuestra salvación por medio de Jesucristo. Reflexiona en el hecho de que la vida, la muerte y la resurrección de Jesús fueron los actos más fundamentales de Su poder soberano, Su justicia, Su misericordia, Su bendición y salvación, revirtiendo el destino de nuestro enemigo y de todo el pueblo de Dios en Su tiempo perfecto.

❯ PARA COMENZAR

OPCIONES PARA EMPEZAR: Elige una de las siguientes opciones para iniciar el debate grupal.

CITA SEMANAL PARA EL INICIO DEL DEBATE: «El legado es mucho más que simplemente transmitir el apellido. El legado implica transmitir una visión y perspectiva del reino», Dr. Tony Evans.

> ❯ ¿Cuál es tu reacción inicial a la cita de esta semana?

> ❯ ¿Quién ha influido más en tu visión de la vida y del Reino de Dios?

> ❯ ¿Cómo te gustaría que te recordaran?

ACTIVIDAD CREATIVA: Antes de que llegue el grupo, prepara golosinas y bebidas. (Sugerencia: se puede organizar con anterioridad una comida o merienda con una variedad de postres con los miembros del grupo). Después de comer, usa las siguientes preguntas para abrir la discusión grupal.

> ❯ ¿Cómo compartir alimentos y bebidas cambia el estado de ánimo en una reunión?

> ❯ ¿Por qué la gente suele celebrar con alimentos y bebidas?

> ❯ ¿Cuál es tu fiesta o tradición favorita? ¿Por qué?

> ❯ En esta sesión final veremos cómo una historia que gira en torno a comer y beber, festejar y ayunar, concluye con una nueva celebración.

❯ ENTIENDE EL CONTEXTO

PROPORCIONA EL CONTEXTO: Presenta brevemente a los miembros del grupo cualquier información o idea que les ayude a comprender Ester 8:3–10:3. Luego, para personalmente ayudarles a conectar el contexto de hoy con el contexto original, haz las siguientes preguntas.

> ❯ El libro de Ester termina con una explicación de por qué fue registrado: para conmemorar la salvación del pueblo judío y el establecimiento de la fiesta de *Purim*, una celebración que todavía se observa en la tradición judía moderna. ¿Por qué es importante que una comunidad recuerde los momentos importantes de su historia?

> ❯ ¿Cuál es el beneficio de celebrar como individuo, como una comunidad, como iglesia o como grupo pequeño?

❯ EXPLORA EL TEXTO

LEE LA BIBLIA: Pídele a un voluntario que lea en voz alta Ester 8:3-5,8,11,15-17; 9:1,20-23; 10:3.

PARA DEBATIR: Usa las siguientes preguntas para hablar de las reacciones iniciales de los miembros del grupo al texto.

> ❯ ¿De qué manera estos versículos (y el libro de Ester en su conjunto) revelan una cultura que respeta la autoridad escrita de la ley, el poder de un nombre y la palabra de alguien?

> ❯ ¿Cómo la reversión del destino, que comenzó con Amán y Mardoqueo, se extendió a la gente en todo el reino? ¿Cómo Dios no solo salvó sino que también bendijo a Su pueblo?

> ❯ ¿Por qué se les dijo a los judíos de todo el reino que celebraran? ¿Por qué es significativo que las costumbres de *Purim* se han observado anualmente a lo largo de las generaciones?

> ❯ ¿Qué legado dejó Mardoqueo?

> ❯ ¿Cuál dirías que es el tema principal de Ester? ¿Por qué este libro es parte de la Escritura, aunque nunca menciona explícitamente a Dios, Sus leyes o Su adoración?

> ❯ ¿Cuál es el conocimiento más significativo que sacarás de este estudio de Ester?

NOTA: Proporciona bastante tiempo para que los miembros del grupo hagan preguntas y den sus respuestas sobre el texto. No te sientas presionado a priorizar el programa por encima de las experiencias personales de los miembros del grupo. Si el tiempo lo permite, hablen de las respuestas a las preguntas en la lectura personal.

❯ OBEDECE EL TEXTO

RESPONDE: Fomenta un ambiente de sinceridad y acción. Ayuda a cada uno a aplicar la verdad bíblica a áreas específicas como, sus pensamientos, actitud o conducta personal.

> ❯ Nombra al menos una persona con quien puedas compartir las buenas nuevas de la obra de Dios.

> ❯ ¿Qué harás para asegurarte de que sepa lo que Dios ha hecho para salvarle?

> ❯ ¿Cómo le invitarás a unirse a la celebración como parte del pueblo del pacto de Dios?

> ❯ ¿Cómo celebrarás y expresarás intencionalmente la alegría de tu salvación esta semana?

ORA: Termina con una oración de compromiso para ser intencional al compartir el conocimiento de Dios y el gozo de la salvación por medio de Jesús.

❯CONSEJOS PARA DIRIGIR UN GRUPO

PREPÁRATE EN ORACIÓN

Prepárate para cada sesión:

> **repasando de antemano el material de la semana y las preguntas grupales;**
> **orando por cada persona del grupo.**

Pídele al Espíritu Santo que obre por medio de ti y del debate grupal para ayudar a las personas a cada semana dar los pasos necesarios hacia Jesús, según enseña la Palabra de Dios.

MINIMIZA LAS DISTRACCIONES

Crea un ambiente cómodo. Si los miembros del grupo están incómodos se distraerán, y por lo tanto, no participarán de la experiencia grupal. Planea de antemano tomando en cuenta:

> **los asientos;**
> **la temperatura;**
> **la iluminación;**
> **la comida o la bebida;**
> **el ruido de fondo;**
> **la limpieza general (guarda a cualquier mascota si se reúnen en una casa).**

En el mejor de los casos, la consideración y la hospitalidad les muestra a los miembros del grupo que son bienvenidos y que se les valora, dondequiera que decidan reunirse. En el peor de los casos, las personas quizás nunca noten tu esfuerzo, pero tampoco se distraerán. Haz todo lo que puedas para ayudarles a concentrarse en lo más importante: relacionarse con Dios, con la Biblia y con los demás.

INCLUYE A OTROS

El objetivo es fomentar una comunidad en la cual las personas se sientan aceptadas tal cual son, pero también alentadas a crecer espiritualmente. Debes estar siempre atento a las oportunidades para:

> **invitar** a las personas nuevas a unirse a tu grupo;
> **incluir a** cualquiera que visite el grupo.

Una manera económica de lograr que los que visitan por primera vez se sientan acogidos, o de invitar a los demás a participar es darles, como obsequio, un ejemplar de este libro de estudio bíblico.

FOMENTA EL DEBATE

Un buen grupo pequeño tiene las siguientes características:

> **Todos participan.** Anima a todos a hacer preguntas, compartir sus respuestas o leer en voz alta.

> **Nadie domina; ni siquiera el líder.** Asegúrate de que lo que digas lleve menos de la mitad del tiempo que están juntos como grupo. De manera educada, redirige el debate si hay alguien que lo esté acaparando.

> **A nadie se le apura con las preguntas.** No creas que un momento de silencio es algo malo. A menudo, las personas necesitan pensar antes de responder las preguntas que acaban de escuchar, o reunir la valentía para comunicar lo que Dios pone en sus corazones.

> **Las distintas perspectivas se afirman y se amplían.** Asegúrate de señalar algo verdadero o útil en cada respuesta. No sigas adelante sin más. Construye conexiones personales con preguntas de seguimiento, preguntando cómo otros han experimentado cosas similares o cómo una verdad ha formado su comprensión de Dios y del pasaje bíblico que están estudiando. Es menos probable que las personas hablen si temen que, en realidad, no quieras escuchar sus respuestas, o que estás buscando solo una respuesta en particular.

> **Dios y Su Palabra son centrales.** Las opiniones y las experiencias pueden ayudar, pero Dios nos ha dado la verdad. Confía en la Escritura como la autoridad y en el Espíritu de Dios para que obre en las vidas de las personas. No puedes cambiar la vida de las personas, pero Dios sí puede. No dejes de llevar a las personas a la Palabra y a dar pasos activos de fe.

SIGUE CONECTÁNDOTE

Piensa en las maneras de conectarte con los miembros del grupo durante la semana. La participación durante la sesión siempre mejora cuando en otro momento hay comunicación entre los miembros del grupo. Cuanto más cómodas estén las personas y cuanto más participen de las vidas de los demás, más querrán estar juntas. Cuando las personas pasan de ser amistosas y estar en el mismo grupo a ser amigos verdaderos que forman una comunidad, acuden a cada sesión ansiosas de participar, en lugar de simplemente asistir.

Anima a los miembros del grupo con pensamientos, compromisos o preguntas de la sesión, al conectarte mediante:

> **correos electrónicos;**

> **mensajes de texto;**

> **los medios sociales.**

Siempre que sea posible, construye amistades más profundas. Puedes planear o invitar en forma espontánea a los miembros del grupo a acompañarte fuera del tiempo designado para reunirse, para compartir:

> **comidas;**

> **actividades divertidas;**

> **proyectos en la casa, la iglesia o la comunidad.**

> INFORMACIÓN DE CONTACTO DEL GRUPO

Nombre _____ Número _____
Correo electrónico/medios sociales _____

Nombre _____ Número _____
Correo electrónico/medios sociales _____

Nombre _____ Número _____
Correo electrónico/medios sociales _____

Nombre _____ Número _____
Correo electrónico/medios sociales _____

Nombre _____ Número _____
Correo electrónico/medios sociales _____

Nombre _____ Número _____
Correo electrónico/medios sociales _____

Nombre _____ Número _____
Correo electrónico/medios sociales _____

Nombre _____ Número _____
Correo electrónico/medios sociales _____

Nombre _____ Número _____
Correo electrónico/medios sociales _____

Nombre _____ Número _____
Correo electrónico/medios sociales _____